Ethik · Philosophie · Religion

Auf einen Blick!

Die wichtigsten Denker der Philosophiegeschichte

STARK

Bildnachweis

Umschlag (Farben-Reihe): © montiannoowong

S. 10: Sting [CC BY-SA 2.5 (http://creativecommons.org/licenses/by-sa/2.5)], via Wikimedia Commons.

S. 12: Für den Urheber, siehe: https://commons.wikimedia.org/wiki/File:Plato._Etching_by_D._Cunego,_1783,_after_R._Mengs_after_Raph_Wellcome_V0004702.jpg [CC BY 4.0 (http://creativecommons.org/licenses/by/4.0)], via Wikimedia Commons.

S. 18: Paolo Monti [CC BY 4.0 (http://creativecommons.org/licenses/by/4.0)], via Wikimedia Commons.

S. 20: By Wolfgang Sauber (Own work) [GFDL (http://www.gnu.org/copyleft/fdl.html) or CC BY-SA 3.0 (http://creativecommons.org/licenses/by-sa/3.0)], via Wikimedia Commons.

S. 54: Willy Pragher (Landesarchiv Baden-Württenberg) [CC BY-SA 3.0 (http://creativecommons.org/licenses/by-sa/3.0)], via Wikimedia Commons; Bild beschnitten.

S. 58: picture-alliance/dpa.

S. 60: akg-images.

S. 64: Copyright © President and Fellows of Harvard College and are protected by Harvard Public Affairs & Communications.

S. 66: Wolfram Huke, http://wolframhuke.de [CC BY-SA 3.0 (http://creativecommons.org/licenses/by-sa/3.0)], via Wikimedia Commons.

S. 68: Joel Travis Sage (Own work) [CC BY 3.0 (http://creativecommons.org/licenses/by/3.0)], via Wikimedia Commons.

www.stark-verlag.de
2., überarb. Auflage

Inhalt

19. Jahrhundert

20. Jahrhundert

Autorin: Katharina von Frowein

Was erwartet mich?

Die Philosophiegeschichte ist lang – ihre Ursprünge reichen zurück bis zur heiligen indischen Schriftensammlung der „Veden" („Wissen") aus der Zeit um 1500 v. Chr. Doch auch die **westliche Philosophie**, angefangen bei Thales bis hin zu Peter Singer, kann auf ein gutes Stück Denkarbeit zurückblicken.

Der vorliegende Band hilft dabei, im Dickicht der Denker nicht die Orientierung zu verlieren. Dazu widmet er den wichtigsten Vertretern der Philosophiegeschichte jeweils eine **Doppelseite**. Jede dieser Seiten ist nach demselben Muster aufgebaut:

- Zu Beginn ist, neben einem **Porträt** des jeweiligen Philosophen, eine **Grafik** abgedruckt. Sie fasst die zentralen Inhalte anschaulich zusammen, sodass sich der Leser entweder vorab einen Eindruck verschaffen oder wichtige Zusammenhänge in Erinnerung rufen kann. Auch die jeweilige philosophische **Strömung** ist hier notiert.
- Es folgen Basisinformationen zur **Biografie** und zu wichtigen **Werken** des Philosophen.
- Danach werden Kernpunkte seines **Denkens** vorgestellt. Zwischenüberschriften in Aussageform und Fettdruck sorgen dafür, dass diese **auf einen Blick** erfasst werden können.
- Unter „**Bedeutung**" erfährt der Leser, welchen Beitrag der Philosoph für die Geistesgeschichte des Abendlandes geleistet hat.
- Die sich anschließenden **Zitate** geben einen Eindruck von seinem authentischen Wortlaut und Schreibstil.
- Im Abschnitt „**Verwandte Ideen**" wird er in den Zusammenhang der Philosophiegeschichte eingeordnet: Welcher Kollege hatte ähnliche oder gerade gegenteilige Vorstellungen?
- Unter „**Übrigens**" finden sich ein paar **Zusatzinformationen**, die sicher nicht zum Standardwissen gehören, aber dabei helfen, sich den Philosophen besser einzuprägen.
- Eine durchlaufende **Zeitleiste** ordnet sein Lebenswerk zu guter Letzt ins Weltgeschehen ein.

Ob Sie das Büchlein für die Vorbereitung auf eine **Klausur**, das **Abitur** oder auch fürs **Studium** benutzen – ich wünsche Ihnen damit viele nachdenkliche, erhellende und auch erheiternde Momente!

Thales – und der Urstoff Wasser

Auf einen Blick

Für Thales ist der Urstoff bzw. Urgrund des Lebens das Wasser.

Vorsokratiker

Suche nach rationalen Begründungen (anstelle mythischer Erklärungen) ▶ **Wasser als „arche“ (Urgrund)**

Biografie

- Thales von Milet, * um 624 v. Chr. (in Milet, Stadt an der Westküste der heutigen Türkei), † im Alter von ca. 78 Jahren
- Es ist kaum etwas über sein Leben bekannt: Er entstammt wahrscheinlich einer **reichen Familie**, bleibt unverheiratet, ist zunächst politisch tätig, wendet sich dann aber der **Naturbetrachtung** zu.
- Vermutlich ist er einer der „sieben Weisen“, die wichtige lebenspraktische Grundsätze aufstellen (z. B. „Flieh die Lust, die Unlust gebiert!“, „Erkenne dich selbst!“).
- Er ist nicht nur als Philosoph, sondern auch als **Astronom** (berechnet eine Sonnenfinsternis) und **Mathematiker** tätig („**Thaleskreis**“).
- Von ihm selbst sind keine Schriften erhalten; wir kennen seine Lehre nur durch Überlieferungen anderer antiker Autoren (z. B. Aristoteles).

Denken

Naturereignisse haben rational erklärbare Ursachen

- Mythische Erklärungen für Naturereignisse reichen Thales nicht aus; er macht sich auf die Suche nach **rationalen Begründungen** (er glaubt aber dennoch an die Existenz der Götter).
- Beispiel: Erdbeben werden laut Thales nicht durch den Dreizack des Meeresgottes Poseidon verursacht, sondern durch das Wasser selbst, auf dem die Erde wie ein Schiff schwimmt (**Ur-*Sache* statt Ur-*Heber***).

Erste Ursache oder „Urgrund“ allen Seins ist das Wasser

- Thales fragt aber nicht nur nach einzelnen Zusammenhängen, sondern nach dem **Urgrund** (gr. „**arche**“) vom Werden und Vergehen *aller* Dinge: Was gibt dem Wandel der Natur in seiner Gesamtheit eine unwandelbare Einheit?
- Seine Antwort lautet: Das **Wasser** als lebende, **unvergängliche und unentstandene Materie**, die alles hervorbringt.
- Hintergrund dieser Antwort ist die Beobachtung, dass es **ohne Wasser kein Leben** gibt (z. B. brauchen Samen Feuchte, um zu keimen).

um 650	**um 630**	**622**	**609**	**um 600**
Erste Münzprägung	Wirkungszeit des Propheten Jeremia	Fund des mosaischen Gesetzbuches im Tempel von Jerusalem	Ende des assyrischen Reiches durch die Machtübernahme der Babylonier	Beginn der Eisenverarbeitung in Mitteleuropa

Bedeutung

- Thales Wirken steht am Beginn der Philosophiegeschichte; er gilt als der **erste Philosoph des Abendlandes**.
- Er und die Denker seiner Zeit werden als „**Vorsokratiker**" bezeichnet; ihr Anliegen ist es, das mythische Denken zu überwinden und **Wissen um seiner selbst willen** zu erlangen – das ist neu!

Zitate

„Von denen, die zuerst philosophiert haben, haben die meisten [so wie Thales] geglaubt, dass es nur stoffliche Urgründe der Dinge gebe. [...] Daher glauben sie, dass weder etwas [aus dem Nichts] entstehe noch [in das Nichts] vergehe, in der Meinung, dass eine solche Substanz immer erhalten bleibt." *Aristoteles über Naturphilosophen wie Thales*

„Wie können wir am besten ein gutes und gerechtes Leben führen?" [Thales sagte:] „Indem wir, was wir an anderen tadeln, selbst nicht tun." [...] Er meinte ferner, man solle [...] nicht mit einem schönen Äußeren protzen, sondern im Verhalten Schönheit zeigen; nicht durch Unrecht sich bereichern und nicht durch Gerede sich gegen jene einnehmen lassen, die unser Vertrauen haben. Auch dürfe man von seinen Kindern jene Hilfe erwarten, die man einst seinen Eltern gegeben hat." *Diogenes Laertios (antiker Philosophiehistoriker) über Thales*

Verwandte Ideen

- Die **Vorstellung eines Urozeans**, aus dem alles hervorgegangen ist und der die Erde ringsherum umgibt, ist in der Antike weit verbreitet (siehe auch 1. Schöpfungstext der Bibel, entstanden im 6. Jh. v. Chr. in Babylon); Thales geht also über die mythische Auffassung hinaus, steht aber doch noch in Verbindung mit ihr.
- Viele andere frühe Philosophen suchen wie Thales nach dem Urgrund des Seins: **Anaximander** (um 610–546 v. Chr.) z. B. bestimmt ihn als „**Apeiron**" (= das Unendliche, Unbestimmte), **Anaximenes** (um 585–525 v. Chr.) als **Luft** (die sich verdichtet und verdünnt und so entweder z. B. Steine oder das Feuer hervorbringt), **Empedokles** (5. Jh. v. Chr.) nimmt **vier Grundelemente** an (Wasser, Erde, Feuer, Luft), die durch die Kräfte Liebe und Hass bewegt werden.
- Eine andere Herangehensweise an die „Arche" hat **Pythagoras** (6. Jh. v. Chr.): Er findet sie nicht in einem Stoff, sondern in einer den Stoff gestaltenden Form – nämlich der mathematischen **Zahl**; demnach schaffen Zahlen die Ordnung des Kosmos.

Übrigens

Über Thales kursieren einige **Anekdoten:** Er fällt in einen Brunnen, weil er statt auf seine Füße in die Sterne schaut. Oder: Thales kauft alle Ölpressen auf, um den Preis in die Höhe zu treiben, und macht mit dem Verkauf ein Vermögen. Er hat also ein widersprüchliches Image: sowohl vergeistigt als auch pragmatisch.

um 600	594	587/586	585	560
Delphi wird größtes griechisches Heiligtum	Einführung der Demokratie in Athen	Babylon erobert Jerusalem; Zerstörung des Tempels und Beginn des „babylonischen Exils"	Totale Sonnenfinsternis, die Thales vorausgesagt haben soll	Geburt des Siddhartha Gautama („Buddha")

Heraklit – und das ewige Werden

Auf einen Blick

Für Heraklit ist alles Sein wie ein Fluss in permanenter Bewegung: „Alles fließt."

Vorsokratiker

Suche nach dem Wesen des Seins ▶

- **ständige Bewegung gemäß dem „Logos"**
- **Wechselspiel spannungsvoller Gegensätze**

Biografie

- Heraklit, * um 540 v. Chr. (in **Ephesos**, Westküste der heutigen Türkei), † mit ca. 60 Jahren
- Der Aristokrat aus **reicher Familie verachtet seine Mitmenschen**, weil er sie für stumpfsinnig und unbelehrbar hält.
- Heraklit will keinen Lehrer, sondern das Wissen aus sich selbst schöpfen.
- Wegen seiner teilweise schwer verständlichen Thesen wird er bereits in der Antike **der „Dunkle"** genannt.
- Heraklit grenzte seine philosophische Denkweise deutlich von dem nicht-philosophischen Denken der „Normalbürger" ab.
- Es sind lediglich Heraklit-Zitate aus späteren Texten anderer Autoren überliefert, daher ist es mitunter schwer, sein Denken zu rekonstruieren.

Denken

Alles, was ist, ist in ständiger Bewegung

- Das **Feuer** ist der Urstoff allen Seins (alles geht daraus hervor und dahin zurück).
- Die Realität ist nur scheinbar unbewegt, denn das Grundprinzip des Kosmos ist die **Veränderung**, das „Werden".
- Werden bedeutet ein ständiges Wechselspiel (**Kampf**) von spannungsvollen Gegensätzen (z. B. Tag und Nacht, Alter und Jugend, Wärme und Kälte).

Diese Bewegung folgt einem Weltgesetz: dem Logos

- Das Werden ist aber kein chaotischer Prozess, sondern folgt einem **Weltgesetz**/der **Weltvernunft** (gr. „**logos**").
- Der Logos durchdringt und ordnet als eine Art „**Seele der Welt**" nicht nur alles Sein, sondern ist auch **Norm** für das menschliche Handeln (der Mensch kann den Logos intuitiv erfassen).

551 – Geburt des Konfuzius

539 – Der Perser-König Kyros II. erobert Babylonien, Rückkehr der Juden nach Palästina

534 – Erfindung des Theaters in Griechenland

515 – Einweihung des zweiten Tempels in Jerusalem (→ Fest Chanukka erinnert daran)

510 – Abschaffung der Monarchie in Rom, Einführung der Republik

Heraklit – und das ewige Werden

Bedeutung

Heraklit entwickelt mit seiner **dynamischen Denkweise** (Veränderung gehört zum Wesen der Dinge) einen wichtigen **Urtyp der Philosophie**.

Zitate

„Krieg ist aller Dinge Vater."

„Denen, die in dieselben Flüsse hineinsteigen, strömen andere und wieder andere Wasserfluten zu."

„Dieses Weltgesetz [Logos], das doch ewig ist, begreifen die Menschen nicht, weder bevor sie davon gehört haben noch sobald sie davon gehört haben. Denn obgleich alles nach diesem Gesetz geschieht, machen sie den Eindruck, als ob sie davon nichts ahnten …"

Verwandte Ideen

- Heraklits Philosophie erinnert an die **Naturphilosophen** und ihre Suche nach dem Urstoff.
- Die Frage nach dem Werden und nach dynamischen Prinzipien stellen sich auch andere Philosophen (bei **Anaximander** soll das „Apeiron" zugleich den Lebensprozess erklären, siehe S. 5).
- Der Logos-Gedanke steht dem späteren **Pantheismus** nahe (Gegenwart des Göttlichen in allen Erscheinungen der Welt).

Übrigens

Gegenspieler des Heraklit ist **Parmenides von Elea** (Unteritalien, um 515–540 v. Chr.). Er sagt: Werden und Vergehen sind Sinnestäuschungen; stattdessen sei das Sein **statisch**. Eine **Fabel** dient als Argument: In einem Wettlauf, bei dem eine **Schildkröte** einen gewissen Vorsprung hat, kann **Achilles** sie nie erreichen; denn wenn er den Weg bis zu ihrem Ausgangspunkt zurückgelegt hat, ist sie ja schon ein Stück weiter, wenn er auch dieses Stück zurückgelegt hat, ist sie wieder ein Stück weiter. Man kann dieses Argument aber widerlegen: Wenn man eine unendliche Menge an Vorsprüngen zusammenzählt, erhält man einen endlichen Wert; nach diesem Wert überholt Achilles die Schildkröte.

507 – Auf dem Kapitol in Rom wird der Jupitertempel geweiht

500 bis 479 – Perserkriege (Persien gegen Griechenland)

497 – Geburt des Dichters Sophokles („Medea")

490 – Schlacht von Marathon (Griechen besiegen Perser)

Protagoras – und die sophistische Volkserziehung

Auf einen Blick

Die Sophisten wenden den Blick vom Kosmos auf den Menschen, der sich durch Bildung weiterentwickeln kann.

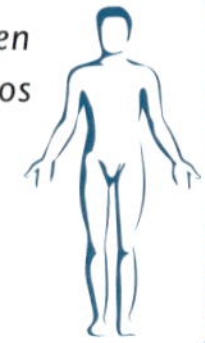

Vorsokratiker

Keine absolute Wahrheit ▶ statt Suche danach praktischer Unterweisung durch die Philosophie ▶ Vermittlung von Rhetorik und politischer Tugend gegen Geld

Biografie

- Protagoras , * um 490 v. Chr. (in Abdera, Stadt an der griechischen Küste), † mit ca. 70 Jahren
- Protagoras gehört zu den **Sophisten** (das bedeutet „**Lehrer der Weisheit**"). Darunter versteht man antike **Volkserzieher**, die **Bildung gegen Geld** vermitteln; dazu halten sie in den Städten Kurse zu Grammatik, Dichtkunst, auch Kosmologie, aber v. a. zu **Rhetorik** als Kunst des Überredens ab; sie werden überall gefeiert und im Gegensatz zu den üblichen Philosophen fürstlich bezahlt.
- Protagoras führt ein **Wanderleben**, wirkt aber v. a. in **Athen**.
- Die vornehme Jugend Athens verehrt ihn.
- Angeblich wird er des Atheismus bezichtigt und **zum Tode verurteilt**; er ertrinkt auf der Flucht.
- Da seine Schriften verbrannt werden, ist nur **wenig überliefert**.

Denken

Alles ist relativ

- **Absolute Wahrheit gibt es nicht**, alles ist subjektiv und wandelbar (nicht nur Sinneseindrücke wie z. B. der Wind, den der eine als kalt, der andere als warm empfindet, sondern auch Gesetze und Werte).
- Ein **ausgeprägter Relativismus** ist ganz allgemein das **Kennzeichen der sophistischen Philosophie:** Rechtsdenken, Moral und auch Religion gelten als Erfindung des Menschen (→ Zweifel an Existenz von Göttern).
- Auch **Skeptizismus** ist weit verbreitet; demnach kann man über objektives Sein keine Aussage treffen (wie die Dinge an sich sind, ist für uns Menschen nicht erkennbar).

500 bis 479	um 460	457	447
Perserkriege (Persien gegen Griechenland)	Geburt des griech. Arztes Hippokrates	Fertigstellung des Zeustempels von Olympia	Ausbau der athenischen Akropolis

Jeder Mensch kann sich durch Bildung positiv verändern

- Protagoras hat eine **positive Bildungsidee:** (Politische) Tugend ist für jeden Menschen erlernbar.
- In der **Gemeinschaft der „polis“** werden die (politischen) Tugenden vermittelt und eingeübt – zugleich sind diese Voraussetzung für das Funktionieren der Gemeinschaft.
- **Rhetorik** als Kunst der Überzeugung/Überredung wird dabei als eine wichtige Kompetenz in der politischen Gemeinschaft verstanden.

Bedeutung

- Protagoras ist einer der **bedeutendsten Vertreter der Sophisten**.
- Mit den Sophisten erfolgt die **Wende** von der schwerpunktmäßigen Betrachtung des **Kosmos** hin zur Betrachtung und konkreten Unterweisung des **Menschen** (von der Theorie zur Praxis); das wird mitunter kritisiert, weil die Sophisten das Ideal der Wahrheitssuche um ihrer selbst willen aufgeben – stattdessen seien **Überredung** ihr Lehrinhalt und **Gewinnstreben** ihr Motiv.
- Der sophistische **Relativismus** wird **unterschiedlich beurteilt:** Einerseits entdecken sie den Gegensatz von unwandelbarer Natur und wandelbaren menschlichen Regeln und fordern deshalb die Abschaffung „unnatürlicher“ Praktiken wie z. B. der Sklaverei (**sophistische Aufklärung**); andererseits nehmen sie teilweise **Extrempositionen** ein (alle Regeln und Sittlichkeit sind abzulehnen, weil sie der menschlichen Entfaltung nur schaden).
- Die nachfolgende Philosophie (v. a. Sokrates und Platon) setzt sich aktiv und kritisch mit den Sophisten auseinander.

Zitate

„Der Mensch ist das Maß aller Dinge.“ (= Homo-mensura-Satz [„Mensch-Maß-Satz])

„Über jede Sache gibt es zwei einander entgegengesetzte Aussagen.“

Verwandte Ideen

- Werterelativismus finden wir z. B. bei **Nietzsche** (siehe S. 52).
- Der Skeptizismus taucht in der Existenzphilosophie auf, z. B. bei **Sartre** (siehe S. 62).
- Protagoras' Erkenntnistheorie (die Welt ist von der Wahrnehmung des Individuums abhängig) wird von vielen Philosophen vertreten, z. B. von **Kant** (siehe S. 38).
- Die sophistische Religionskritik (siehe unten) taucht, in etwas anderer Form, später z. B. bei **Feuerbach** (siehe Seite 46) und **Marx** auf (siehe S. 50).

Übrigens

Die Sophisten stellen auch die **Existenz Gottes infrage**, so sagt z. B. Kritias (ca. 460–403 v. Chr.): „Als [...] die Gesetze verhinderten, dass man offen Gewalttaten verübte, und daher nur insgeheim gefrevelt wurde, da scheint mir ein schlauer Kopf die Furcht vor den Göttern für die Menschen erfunden zu haben, damit die Übeltäter sich fürchteten, auch wenn sie insgeheim etwas Böses täten oder sagten oder dachten.“

443 bis 429 – Blütezeit der Polis Athen, der Wissenschaften und Künste

442 – Die Antigone von Sophokles wird uraufgeführt

429 – Ausbruch der Pest in Athen (Tod eines Drittels der attischen Bevölkerung in vier Jahren)

Sokrates – und die Hebammenkunst

Auf einen Blick

Klassische griechische Philosophie

- Glaube an das Gute, Tugend und Sittlichkeit sowie an die Unsterblichkeit der Seele
- Suche nach Einsicht

▶ Gespräche gemäß der sokratischen Methode

Wie eine Hebamme die Geburt des Kindes unterstützt, so verhilft laut Sokrates der Philosoph dem Menschen durch Nachfragen zur Erkenntnis.

Biografie

- Sokrates, * um 470 v. Chr., † im Alter von 70 Jahren (beides in **Athen**)
- Der Sohn eines Bildhauers und einer Hebamme ist gelernter Steinmetz, lebt aber als **Müßiggänger** vom Geld seiner Freunde.
- Er nimmt an drei Feldzügen teil und erweist sich darin als pflichtbewusst und mutig.
- Mit seiner Frau Xanthippe hat er drei Kinder.
- Oft geht er durch die Straßen Athens, auf den Marktplatz sowie zu Festmählern seiner Freunde und verwickelt die Menschen in **philosophische Gespräche**, mit denen er sie in Verwirrung stürzt.
- Er schart **viele Anhänger** um sich, die ihn hoch verehren – beim Volk und bei vielen Mächtigen ist er aufgrund seiner Fragetechniken und seines manchmal arrogant wirkenden Selbstbewusstseins (er glaubt an seine göttliche Sendung) aber **unbeliebt**.
- Wegen Gotteslästerung und Verführung der Jugend wird Sokrates schließlich **zum Tode verurteilt** (durch den giftigen „Schierlingsbecher"); er fügt sich diesem formal korrekt gefällten Urteil, obwohl er fliehen könnte.
- Er lehrt mündlich, daher kennen wir seine Philosophie nur über seine Schüler, vor allem Platon.

Denken

Die Erkenntnis des eigenen Nichtwissens führt am Ende zu echter Einsicht

- Sokrates' „Methode" der Wahrheitsfindung führt über ein **Gespräch**, das mit einer einfachen Frage beginnt (z. B. „Was ist Tapferkeit?").
- Der Weg des Gesprächs geht dann **induktiv** vom Besonderen (z. B. einer tapferen Handlung) zum Allgemeinen (der Gemeinsamkeit aller tapferen Handlungen und davon zur Definition des Begriffes).
- Sokrates gibt dabei vor, von seinem Gesprächspartner etwas lernen zu wollen („**sokratische Ironie**"), und verwickelt ihn durch bohrendes Nachfragen immer weiter in Widersprüche, sodass dieser seine anfänglichen Behauptungen verwirft und am Ende die eigene Unwissenheit erkennt.
- Sokrates glaubt nicht, selbst die Wahrheit zu besitzen; er ist sich dessen aber bewusst („Ich weiß, dass ich nichts weiß"); **Selbsterkenntnis** ist also der Ausgangspunkt seiner Philosophie.

um 460	457	447	443 bis 429	431 bis 440
Geburt des griech. Arztes Hippokrates	Fertigstellung des Zeustempels von Olympia	Großartiger Ausbau der athenischen Akropolis	Blütezeit der Polis Athen, der Wissenschaften und Künste	Peloponnesischer Krieg (Athen gegen Sparta), Kapitulation Athens und zeitweise Herrschaft der 30 Tyrannen

- Ausgehend von der Erkenntnis des eigenen Nichtwissens kann man sich langsam und mithilfe der **Vernunft** einer besseren Begriffsbestimmung und damit **der Wahrheit annähern**; das **Infragestellen** der vorschnellen Meinungen seiner Gesprächspartner soll also letztlich zu echter **Einsicht** und als Folge davon auch zum **richtigen Handeln** führen.

Man kann dem Menschen von außen zur Einsicht verhelfen

- Jeder Mensch besitzt die **Fähigkeit zur Erkenntnis** (Vernunft/„**Logos**"); diese muss er einsetzen, um zu Einsichten zu gelangen (nur so sind die Einsichten nachhaltig).
- Dabei kann man von außen nachhelfen (Sokrates sieht sich selbst als eine Art Hebamme → **Mäeutik** = „**Hebammenkunst**").
- Viele Menschen streben aber lieber nach äußerlichen, unwesentlichen Dingen (Reichtum, Macht) anstatt nach Weisheit.

Der Mensch ist gut und seine Seele unsterblich

- Niemand tut wider besseres Wissen freiwillig Böses; wenn doch, fehlt nur die rechte Erkenntnis.
- Das „**Gute**" und die abgeleitete **Tugend und Sittlichkeit existieren** und sind nicht relativ.
- Zudem ist Sokrates von der **Unsterblichkeit** der menschlichen Seele überzeugt.

Bedeutung

Mit Sokrates beginnt die Hoch-Zeit der griechischen Philosophie. Er gilt als **Idealtyp des Philosophen** (v. a. wegen seiner Suche nach Wahrheit um ihrer selbst willen).

Zitate

„Wahrscheinlich weiß ja keiner von uns beiden etwas Ordentliches und Rechtes; er [ein Gesprächspartner] aber bildet sich ein, etwas zu wissen, obwohl er nichts weiß, während ich, der ich nichts weiß, mir auch nichts zu wissen einbilde. Offenbar bin ich im Vergleich zu diesem Mann um eine Kleinigkeit weiser, eben darum, dass ich, was ich nicht weiß, auch nicht zu wissen glaube."

„Wie zahlreich sind doch die Dinge, deren ich nicht bedarf!"

„Es ist besser Unrecht zu leiden, als Unrecht zu tun."

Verwandte Ideen

- Zeitgenossen halten ihn mitunter für einen **Sophisten**, wegen seiner Hinwendung zum Menschen, seinem Interesse für das „Tun", seiner Kritik an den alten Mythen und seiner Wertschätzung von Rhetorik und Bildung; allerdings lehnt Sokrates den sophistischen Relativismus, die Verhaftung der Sophisten im Materiellen und ihre Überredungs- statt Überzeugungskunst ab.
- Die philosophische Strömung der „**Kyniker**" steigert Sokrates' Geringschätzung des Materiellen (**Diogenes** lebt in einer Tonne).

Übrigens

Der Name von Sokrates' Frau „**Xanthippe**" wurde zum Synonym für ein „zänkisches Weib", weil sie sich oft beschwert, er würde sie (finanziell) vernachlässigen.

430	430	421	399
Geburt des Historikers Xenophon	Ausbruch der Pest in Athen (Tod eines Drittels der attischen Bevölkerung in vier Jahren)	Friedensvertrag zwischen Sparta und Athen	Sokrates muss den Schierlingsbecher trinken

Platon – und die Welt der Ideen

Auf einen Blick

Klassische griech. Philosophie

Wunsch nach Erkenntnis der Welt

▼

Methoden:

- **Dialektik**
- **Wiedererinnerung**

▶

- **sinnliche Welt (Demiurg)**
- **Ideenwelt (Idee des Guten)**

Im Höhlengleichnis erklärt Platon: Das, was wir als Wirklichkeit wahrnehmen, ist wie ein Schatten nur ein Abbild der Ideenwelt, der wir uns durch die Philosophie annähern können.

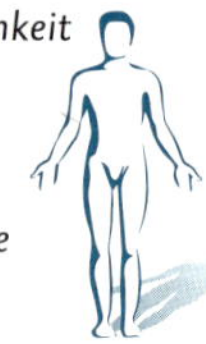

Biografie

- Platon, * 427 v. Chr., † 347 v. Chr. (beides in **Athen**)
- Er stammt aus einem angesehenen **Adelsgeschlecht**.
- Platon wird mit 20 Jahren **Schüler** des **Sokrates** und bewundert diesen sehr.
- Mit 40 Jahren gründet er eine Schule für Wissenschaft und Philosophie („**Academia**"), in der er bis zu seinem Tod lehrt.
- Platon schreibt viele **Dialoge** mit Sokrates als Hauptfigur; diese kreisen um Themenbereiche wie Erkenntnis („Menon") oder Politik („Politeia"); daneben sind auch **Briefe** und einige Versuche zur **Dichtkunst** erhalten.

Denken

Die vergänglichen Dinge sind Abbilder der ewigen Ideen

- Platon beschäftigt sich wie Sokrates mit Allgemeinbegriffen: Wieso haben wir eine Vorstellung davon, was *Gerechtigkeit* ist oder ein *Löwe?* → Alle Einzeldinge gehen auf ein **Urbild**, eine Idee zurück, die unabhängig von unserem Verstand existiert; die Idee ist quasi die **Form**, nach der all die Einzeldinge (die einzelnen gerechten Handlungen/Löwen) „gegossen" werden.
- **Zwei Welten:** die der Ideen und die davon abgeleitete, sinnlich wahrnehmbare körperliche Welt

Die Welt entstand nach dem Vorbild der Ideen

- Die sichtbare Welt wurde von einem **Weltbildner** („**Demiurg**", eine Art „Handwerkergott") nach dem Vorbild der Ideen mithilfe vorhandener Materie planvoll erbaut.
- Bedingt durch die **Materie** als Baumaterial sind die Dinge der Welt aber nur **mangelhafte Abbilder** der Originale; je ähnlicher sie den ewigen/unveränderlichen/körper- und zeitlosen Ideen kommen, umso schöner/besser sind sie.
- Die **Idee des Guten** (Gott, ≠ Demiurg) steht in der **Werthierarchie** der Ideen ganz oben; sie ist Ziel/Ursprung aller Ideen; nur in ihrem Licht kann der Mensch das Sein erkennen.

Durch den Verstand kann sich der Mensch den Ideen nähern

- Einsicht in das Reich der Ideen ist dem Menschen durch seinen Verstand möglich (durch **reines Nachdenken** ohne sinnliche Beeinflussung im **Dialog** → „**Dialektik**").

431 bis 404	**430**	**430**	**421**
Peloponnesischer Krieg (Athen gegen Sparta), Kapitulation Athens und zeitweise Herrschaft der 30 Tyrannen	Geburt des Historikers Xenophon	Ausbruch der Pest in Athen (Tod eines Drittels der attischen Bevölkerung in vier Jahren)	Friedensvertrag zwischen Sparta und Athen

- Der **Idee des Guten** kann sich der Mensch aber nur **annähern**.
- Erkenntnis der Ideen ist eigentlich **Wiedererinnerung:** Vor und nach dem Tod kennt die Seele alle Ideen, vergisst sie aber bei Eintritt in den Körper → „**Seelenwanderung**"; vom verlorenen Wissen über die Ideen bleibt die **Sehnsucht** nach Erkenntnis → „**Eros**".
- Eine Metapher für den Aufstieg zum Reich der Ideen ist das **Höhlengleichnis:** Der Mensch lebt wie ein Gefangener in einer Höhle, die Dinge, die er sieht, sind nur Schatten, die vermeintliche Sonne ein Feuer. Der Philosoph macht sich von den Ketten frei und entdeckt beim schwierigen Aufstieg aus der Höhle draußen die wahre Welt, im übertragenen Sinne die Welt der Ideen.

Der Leib ist dem Menschen dabei hinderlich

- Der Leib mit seinen Bedürfnissen /seiner Beschränktheit ist das **Grab** der unsterblichen Seele; er hindert sie an der vollkommenen Erkenntnis, die erst durch den **Tod** möglich wird.

Der Staat sollte entsprechend der Seele geordnet werden

- Die Seele besteht aus **drei Teilen** mit entsprechenden Tugenden (Vernunft – *Weisheit*, Mut – *Tapferkeit*, Begierde – *Mäßigung*); die übergeordnete Tugend ist die *Gerechtigkeit*; sie herrscht, wenn alle Seelenteile die ihnen zukommende Aufgabe erfüllen (→ **4 Kardinaltugenden**).
- Analog zu den Seelenteilen soll auch der Staat in **drei Stände** (Lehrstand, Wehrstand, Nährstand) unterteilt werden; ganz oben stehen die „**Philosophenkönige**".
- Weitere Kennzeichen des platonischen Staates: **Gütergemeinschaft** (sogar bei Frauen und Kindern), **Auslese** der Besten (z. T. auch genetisch durch gezielte Zucht).

Bedeutung

- Mit der „Academia" wird Platon quasi zum **Gründer der ersten Universität** der Geschichte – die Philosophenschule bestand fast 1000 Jahre.
- Platon beeinflusst die **Geistesgeschichte des Abendlandes** immens (z. B. durch seine Abwertung des Leiblichen).

Zitate

„So schön auch Erkenntnis und Wahrheit sind, weit schöner noch ist das Gute."
„Solange wir den Körper haben und unsere Seele mit einem solchen Übel verwachsen ist, werden wir nie befriedigend erreichen können, wonach uns verlangt."

Verwandte Ideen

- Wie Sokrates geht es Platon um die sittliche Bildung des Menschen; daher wettert auch er **gegen** den Relativismus und Skeptizismus der **Sophisten**; er will ihnen aber nicht nur widersprechen, sondern sie argumentativ widerlegen.
- Die platonischen Ideen tauchen z. B. bei **Augustinus** (S. 20) als „Gedanken Gottes" wieder auf.

Übrigens

Der Spielfilm *Die Matrix* (1999) setzt die Idee des Höhlengleichnisses filmisch um: Der Protagonist „Neo" entspricht dem Philosophen, der die Höhle (= die Matrix) verlässt, und dadurch die Wahrheit erkennt, dass er bisher in einer Scheinwelt gelebt hat.

399 Sokrates muss den Schierlingsbecher trinken

390 Platons „Politeia" erscheint

387 Die Kelten erobern und brandschatzen Rom, Abzug mit großer Beute

387 Platon gründet seine Akademie in Athen

Auf einen Blick

Klassische griechische Philosophie

Suche nach:

- Erkenntnis ▶ Logik ▶
  - Entelechien
  - unbewegter Beweger
- Glückseligkeit (eudaimonia) ▶ Tugenden ▶
  - Charaktertugenden gemäß der Mesotes-Lehre
  - Verstandestugenden, z. B. Weisheit und Klugheit

Für Aristoteles ist die Glückseligkeit das höchste Gut – wie die Spitze einer Pyramide.

Biografie

- Aristoteles, * 384 v. Chr. in der griechischen Provinz (Stageira), † 322 v. Chr.
- Sein Vater war Leibarzt des makedonischen Königs.
- Mit 17 tritt Aristoteles in die **Platonische Akademie** ein und bleibt dort 20 Jahre.
- Er heiratet und wird Vater von 2 Kindern.
- Ca. 2 Jahre ist er **Erzieher Alexanders des Großen** (des späteren Königs von Makedonien).
- Danach gründet er seine eigene Schule in **Athen** („**Peripatetiker**" = „Herumwandler", weil er und seine Schüler beim Philosophieren auf- und abgehen); hier forscht er 12 Jahre lang.
- Er verfasst Schriften zur **Logik**, zu **naturwissenschaftlichen Themen**, zur **Metaphysik**, zur **Ethik** (z. B. die „Nikomachische Ethik") und **poetische** Schriften (Rhetorik und Poetik).
- Zuletzt wird er wegen Religionsfrevel **angeklagt** und flüchtet; er stirbt an einem Magenleiden.

Denken

Glückseligkeit ist das höchste Gut

- Das höchste Gut ist die Glückseligkeit (griechisch „**eudaimonia**").
- Sie wird (anders als z. B. Reichtum, Gesundheit) nur **um ihrer selbst willen** angestrebt.

Der Weg zur Glückseligkeit verläuft über die Tugenden

- **Drei Seelenteile** bestimmen die menschliche Seele: die Pflanzenseele (vegetative Funktionen), die Tierseele (Triebe, Empfindungen, Streben) und die Menschenseele (Vernunft). Die **Vernunft** macht den Menschen gegenüber anderen Lebewesen aus. Um Glückseligkeit zu erlangen, muss der Mensch die **Möglichkeiten der Vernunft in bester Form** ausbilden (zur Tugend machen).
- **Tugenden des Verstandes** (= „**dianoetische Tugenden**") wie **Wissenschaftlichkeit** oder **Weisheit** oder auch die **Klugheit** (griech. „**phronesis**"), die die richtigen Einzelentscheidungen mit Blick auf das gute Leben trifft → man erwirbt diese Art von Tugenden durch **Belehrung**.
- **Charaktertugenden** = **Mitte** zwischen zwei Leidenschaften (entsprechend der Mesotes-Lehre), z. B. Tapferkeit als Mitte zwischen Tollkühnheit und Feigheit → man erwirbt sie durch **Erziehung und Gewöhnung**.

360	336	333
Nektanebos II. besteigt als letzter ägyptischstämmiger Pharao den Thron	Alexander der Große wird König von Makedonien	Schlacht bei Issos, Alexander besiegt die Perser

- Zwei Lebensweisen sind dementsprechend tugendhaft: das **bios theoretikos** (das „theoretische“ Leben des Philosophen, in dem die dianoetischen Tugenden im Zentrum stehen) und das **bios politikos** (das politische Leben, das von den Charaktertugenden getragen ist).

Die Dinge tragen die Ideen als Formen in sich

- Aristoteles vertritt keine Zwei-Welten-Lehre wie Platon; die **Ideen** sind **in den Dingen** als **Formen** (gr. „**Entelechien**“ = „das Ziel in sich haben“) enthalten, **nicht getrennt** von ihnen (eine Eichel trägt also in sich bereits die Form „Eiche“).
- Alles **strebt** danach, seiner Form **ähnlich** zu werden (das gelingt nicht ganz wegen den Beschränkungen der **Materie**); letzter **Grund** dieses Strebens ist der göttliche Geist als „**unbewegter Beweger**“; er stößt alles an und zu ihm strebt alles hin.

Mithilfe der Logik kann man die Welt erkennen

- Die Welt ist mithilfe der Logik erkennbar, weil **Verstand und Sein dieselbe Struktur** haben.
- Logik bedeutet für Aristoteles v. a. die Anwendung des **Schlussverfahrens** („**Syllogistik**“). Beispiel: Prämisse 1 „Alle Menschen sind sterblich“, Prämisse 2 „Sokrates ist ein Mensch“, Konklusion „Sokrates ist sterblich“.
- Dabei ist er auf **Axiome** (unbeweisbare Vorannahmen) angewiesen, z. B. den **Satz vom Widerspruch** (Beispiel: Ein Fenster kann nicht gleichzeitig offen und geschlossen sein).

Bedeutung

- Er gilt als **Begründer unseres heutigen Wissenschaftsbegriffes** (da er die Philosophie auf die Erscheinungen der Welt statt auf Gott oder das Transzendente fokussiert) **und der Logik** (er untersucht nicht nur den Inhalt des Denkens, sondern auch seine Form).
- Als großer **Universalgelehrter** erstellt er eine umfangreiche Sammlung des Weltwissens.
- Er **wertet die Materie auf** – ganz im Gegensatz zur negativen Sicht Platons auf die Welt.

Zitate

„Die Tugend zielt auf die Mitte.“

„Wer alles flieht und fürchtet und nirgends standhält, wird feige, wer aber nichts fürchtet und auf alles losgeht, wird tollkühn.“

„[…] welches ist das oberste aller praktischen Güter? […] Glückseligkeit nennen es die Leute und die Gebildeten […]“

Verwandte Ideen

- Trotz augenscheinlicher Unterschiede greift Aristoteles viele Gedanken **Platons** (S. 12) auf (z. B. dass die Materie das Sein daran hindert, die Form gänzlich zu verwirklichen).
- Die Vorstellung vom „unbewegten Beweger“ findet sich bei **Thomas von Aquin** (siehe S. 22).

Übrigens

Aristoteles war lange vergessen, wurde aber im **Orient** positiv aufgenommen und fand von dort aus im Hochmittelalter seinen Weg zurück ins Abendland, vor allem über Thomas von Aquin.

332 – Alexander erobert Ägypten und nimmt den Titel eines Pharaos an

331 – Alexander gründet Alexandria

um 324 – Schaffung einer einheitlichen Währung in Alexanders Großreich, das Griechische (Koiné) wird Weltsprache

Epikur – und die Seelenruhe

Auf einen Blick

Epikur vergleicht Lust als Seelenruhe mit der glatten Oberfläche des Meeres.

Epikureismus

Anliegen:

Unterricht in praktischer Lebenshilfe

Inhalte:
- **Lust-Schmerz-Kalkül**
- **Überwindung der Angst**
- **Tugenden**

Ziel: Ataraxie (Seelenruhe)

Biografie

- Epikur, * 341 v. Chr. (auf Samos, gr. Insel), † 271 v. Chr. (in Athen nach langem Leidensweg)
- Mit Mitte 20 geht er nach **Athen**, wo er ein Haus mit Garten erwirbt.
- Hier hält er **philosophische Treffen** mit Freunden ab (darunter auch Frauen und Sklaven).
- Bei seinen Anhängern gilt er als gütig, weise und anspruchslos, bei seinen Gegnern als nimmersatter Wüstling.
- Von seinem Werk sind nur einige Spruchsammlungen und Briefe erhalten, daneben **Überlieferungen bei anderen Autoren**.

Denken

Lust als Ziel des Lebens

- Jedes Lebewesen strebt natürlicherweise nach Lust und meidet den Schmerz → **Lustgewinn** (nicht nur sinnlicher Art, auch gute Musik, Gespräche mit Freunden etc.) als Ziel des Lebens.
- Epikur definiert Lust als die **Abwesenheit von** (körperlichem und seelischem) **Schmerz**, also nicht als etwas Ekstatisches, sondern als etwas eher Ruhiges, vergleichbar der **glatten Oberfläche eines Meeres** → „**Ataraxie**" (= „**Seelenruhe**").

Der Weg zur Ataraxie geht über ein Lust-Schmerz-Kalkül

- Zunächst muss der Mensch **erkennen**, welche Handlungen **Lust** verschaffen und welche nicht, und dann die entsprechenden **wählen**.
- Es kann dabei durchaus **notwendig** sein, zwischendurch auch **Schmerz** zu wählen, um dann später aufs Ganze gesehen mehr Lust zu empfinden.
- Das Ziel der Ataraxie kann durch eine **Bedürfnisreduktion** (im Sinne einer Gewöhnung ans einfache, selbstgenügsame Leben) erreicht werden – und nicht durch ein verschwenderisches, luxuriöses, erlebnisorientiertes Leben. Denn dieses führt zu Getriebenheit und Unruhe anstatt zur Seelenruhe.
- Daneben sind noch zwei Dinge wichtig: Die Beachtung der **Tugenden** (andere gut behandeln, damit man auch selbst gut behandelt wird) und die Beseitigung von unnötigen **Ängsten**.

336 – Alexander der Große wird König von Makedonien

333 – Schlacht bei Issos, Alexander besiegt die Perser

332 – Alexander erobert Ägypten und nimmt den Titel eines Pharaos an

331 – Alexander gründet Alexandria

um 324 – Schaffung einer einheitlichen Währung in Alexanders Großreich

Vor den Göttern und dem Tod muss man keine Angst haben

- Zwei große Ängste sind sehr verbreitet: die Furcht vor den Göttern und die Furcht vor dem Tod.
- Die Furcht vor den Göttern ist allerdings unnötig, da die Welt **nicht ihr Werk**, sondern das Ergebnis von **Atomverbindungen** ist; die Götter leben fernab in **Zwischenwelten** und kümmern sich nicht um die Menschen, sondern nur um ihr **eigenes Wohlergehen**.
- Die Furcht vor dem Tod ist unbegründet, da unsere **Empfindungsfähigkeit** aufhört, sobald der Tod eintritt; schließlich ist auch unsere **Seele aus Atomen** zusammengesetzt und zerfällt, wenn wir sterben – wir „treffen" den Tod also nie.

Bedeutung

Epikur ist der **Begründer der epikureischen Schule**. Wie die Stoiker sucht er nicht nach ausgefeilten Welterklärungen, sondern vermittelt **praktische Lebenshilfe**.

Zitate

„Wenn wir nun also sagen, dass Freude unser Lebensziel ist, so meinen wir nicht die Freuden der Prasser, denen es ums Genießen schlechthin zu tun ist [...]. Für uns bedeutet Freude: keine Schmerzen haben im körperlichen Bereich und im seelischen Bereich keine Unruhe verspüren."

„An allem Anfang aber steht die Vernunft, unser größtes Gut."

„Leer ist die Rede des Philosophen, die nicht irgendeine Leidenschaft heilt."

„Wer jung ist, soll nicht zögern, zu philosophieren, und wer alt ist, soll nicht müde werden im Philosophieren. Denn für keinen ist es zu früh und für keinen zu spät, sich um die Gesundheit der Seele zu kümmern."

Verwandte Ideen

- Seine Schule wirkt fort in den Römern **Horaz** (65–8 v. Chr.) und **Lukrez** (ca. 99–55 v. Chr.).
- Die Atomlehre geht auf **Leukipp** (5. Jh. v. Chr.) und **Demokrit** (460–370 v. Chr.) zurück: Sie nehmen als Urmaterie unteilbare („a-tomos") Körperchen an (daher werden sie als „**Atomisten**" bezeichnet), die stofflich völlig gleich sind und sich nur durch Gestalt, Lage und Anordnung unterscheiden.
- Auch wenn Epikur und die **Stoiker** häufig als Gegensätze begriffen werden, so teilen sie doch miteinander das Lebensziel der **Seelenruhe und Gelassenheit**.

Übrigens

Epikur gehört wegen seines Strebens nach Lust zu den **meistgeschmähten Philosophen der Antike** – vor allem, weil viele sich unter „Lust" üppige Ess- und Trinkgelage und dergleichen vorstellen.

323 – Tod Alexanders und Beginn der Machtkämpfe seiner Feldherren (Diadochen) → Epoche des Hellenismus (dauert bis Christi Geburt)

um 300 – viele naturwissenschaftliche Entwicklungen (Integralrechnung, Erforschung des Blutkreislaufes, Heliozentrisches Weltbild u. v. m.)

ab 299 – Bau des Leuchtturms auf der Insel Pharos bei Alexandria (Weltwunder)

Zenon – und der stoische Gleichmut

Auf einen Blick

Der Mensch muss sich seinem Schicksal fügen wie ein Hund, der an eine fahrende Kutsche angeleint ist – so Zenon.

Stoiker

- **richtige Lebensführung** ▶ **Weltvernunft („Logos")** ▶ **ewige Wiederkehr**

▼

- **Erkenntnis der Weltordnung** ▶ **Akzeptanz** ▶ **Apathie und Ataraxie**

Biografie

- Zenon, * um 333 v. Chr. in Kition (Zypern), † 262 v. Chr. in Athen
- Ursprünglich war Zenon Kaufmann.
- Später gründet er in **Athen** eine eigene **Schule**, in der er als Lehrer sehr verehrt wird.
- Seine Anhänger treffen sich in einer **Säulenhalle** (gr. „**Stoa**"), daher die Bezeichnung „Stoiker".
- **Epikur** lehnt er vehement ab.
- Seine Werke sind leider nicht erhalten, sondern nur Überlieferungen bei anderen Autoren.

Denken

Die Welt ist geordnet

- Die Welt verdankt sich nicht dem **Zufall**, alles ist vom göttlichen Geist/Schicksal/der **Weltvernunft** (gr. „**logos**") wie von einem **Hauch** (gr. „**pneuma**") durchdrungen und geordnet → Gott und Natur sind ein und dasselbe („**Pantheismus**").
- Aufgabe der **Philosophie** ist es, die Ordnung der Welt zu **erkennen** und daraus Rückschlüsse auf die richtige **Lebensführung** zu ziehen.

Der Mensch muss sich der Ordnung beugen

- Richtige Lebensführung bedeutet, sich den **Mühlen des Schicksals**, auf die man ohnehin keinen Einfluss hat, zu beugen.
- Das Schicksal ist nicht frei wählbar, sondern nur die **innere Einstellung** dazu → der Mensch ist wie ein **Hund**, den man an eine Kutsche bindet; wenn er sich widersetzt, wird er doch mitgeschleift; um **glücklich** zu sein, muss er also einfach in das **einwilligen**, was er nicht ändern kann.
- Ziel des Stoikers ist also, den nicht heilsamen **Trieben** (Reichtum, Feindschaft etc.) zu widersprechen, so frei von **Leidenschaften** zu werden (gr. „**apathia**") und auf diese Weise **Ruhe und Gelassenheit** zu erlangen (gr. „**ataraxia**").

336 – Alexander der Große wird König von Makedonien

um 324 – Das Griechische (Koiné) wird Weltsprache

323 – Tod Alexanders

um 312 – Fertigstellung der ältesten römischen Straße (via appia)

Die Zukunft bringt nichts Neues

- Die Weltvernunft hat alles so perfekt aufeinander abgestimmt, dass die Zukunft nichts Neues bringt → **Lehre von der ewigen Wiederkehr:** Die Welt entsteht aus dem **Feuer**, existiert dann eine Weile und geht in einem **Weltbrand** zugrunde; dann geht es wieder von vorne los – in unendlicher Wiederholung.

Bedeutung

- Zenon ist der **Begründer der Stoa** (diese Bewegung überdauerte bis ins 2. Jh. n. Chr.).
- Durch die Stoa wird die Philosophie zur **Lebensberatung** (Zenon lebt in einer Zeit, als sich die Griechen weniger für die Erkenntnis der Wahrheit, als für die Realisierung eines glücklichen Lebens interessieren).

Zitate

„Das Ziel des Lebens ist ein Leben im Einklang mit der Natur."

„Die Natur hat uns nur einen Mund, aber zwei Ohren gegeben, was darauf hindeutet, dass wir weniger sprechen und mehr zuhören sollten."

Gebet eines Schülers von Zenon: „Führ du mich, Zeus, und du, Pepromene (Schicksal), wohin der Weg von euch mir bestimmt ist! Ich folg euch ohne Zaudern. Sträub ich mich, so handle ich schlecht – und folgen muss ich doch!"

Verwandte Ideen

- Die Weltbrandvorstellung wird in der biblischen **Apokalyptik** aufgegriffen.
- Die Lehre von der ewigen Wiederkehr vertritt auch **Nietzsche** (siehe S. 52).
- Viele weitere Philosophen der Antike lassen sich der Stoa zuordnen, so z. B. der römische Staatsmann **Seneca** (1–65 n. Chr.), der freigelassene Sklave **Epiktet** (um 50–138 n. Chr.), sowie der römische Kaiser **Marc Aurel** (121–180 n. Chr.).

Übrigens

- Es ging damals die **Redensart** um „enthaltsamer als der Philosoph Zenon", wenn man von einem bedürfnislosen Menschen sprach – Zenon scheint also sehr **bescheiden** gelebt zu haben.
- In Athen wird er so sehr verehrt, dass man ihm noch zu Lebzeiten einen **goldenen Kranz** stiftet, eine **Statue** für ihn errichtet und ihm die **Schlüssel der Stadt** zur Aufbewahrung übergibt.

um 300	ab 299	264
viele naturwissenschaftliche Entwicklungen (Integralrechnung, Erforschung des Blutkreislaufes, Heliozentrisches Weltbild u. v. m.)	Bau des Leuchtturms auf der Insel Pharos bei Alexandria (Weltwunder)	Rom ist die Herrin Italiens → Römisches Reich

Augustinus – und die innere Wahrheit

Auf einen Blick

Laut Augustinus soll der Mensch seine Liebe auf Gott ausrichten und sein Handeln daran orientieren.

Patristik

Erkenntnis Gottes	▶	**Weg ins Innere, wo die Wahrheit ist („Ideen")**
moralisches Handeln	▶	**Liebe zu Gott (civitas dei)**

Biografie

- Augustinus, * 354 n. Chr., † 430 n. Chr. (beides in **Nordafrika**)
- Der Sohn eines heidnischen Vaters und einer christlichen Mutter (der späteren „Heiligen Monika") erwirbt in Karthago eine umfassende **antike Bildung** und arbeitet später als **Professor für Rhetorik** in Mailand.
- Nach einer plötzlichen **Bekehrung** lässt er sich mit 33 Jahren **taufen** und kehrt nach Nordafrika zurück, wo er schließlich **Bischof** von Hippo regius (Nordafrika) wird.
- Seine wichtigsten Werke sind die „**Bekenntnisse**" (autobiografisch) und „**Der Gottesstaat**".

Denken

Der unbegreifliche Gott hat die Welt aus dem Nichts geschaffen

- Gott ist unbegreiflich und unsichtbar – man kann ihn nicht beschreiben, sondern nur sagen, was er nicht ist („**negative Theologie**").
- Dass es ihn gibt, ist aber jedem einsichtig, denn der Mensch weiß instinktiv, dass es **Wahrheit** gibt; Gott muss als ihr **Maßstab** existieren.
- Er hat die Welt aus dem Nichts geschaffen, und zwar unter Rückgriff auf die **Ideen** (diese sind bei Augustinus gleichsam die **Gedanken Gottes**).
- Die geschaffene Welt ist **Abbild** dieser Urbilder.

Der Weg zur Erkenntnis führt ins eigene Innere

- Auch wenn ich mich über äußere Dinge täuschen kann, bin ich mir selbst dabei als ein **Zweifelnder** bewusst (lat. „**si enim fallor, sum**"); meiner Existenz kann ich also gewiss sein.
- Wenn ich mich aber über Äußeres täuschen kann, führt der Weg zur Erkenntnis nach **innen**.
- Im Inneren finden sich **Wahrheiten**, die nicht den Sinnen entspringen, sondern **zeitlos und überindividuell** sind (die „**Ideen**").
- In Besitz dieser Ideen kommen wir durch „**Illumination**" von Gott (Bild vom Sonnenlicht).
- Der Weg nach innen entspricht dem **Aufstieg zu Gott**.

326	um 360	375	378
Das griechische Byzanz wird unter Kaiser Konstantin zur Hauptstadt des römischen Reiches (Konstantinopel)	Bischof Wulfila schreibt für die Goten die „Wulfilabibel", die erste schriftliche Überlieferung einer german. Sprache	Die Hunnen fallen in Osteuropa ein → Völkerwanderung	Die Goten vernichten das römische Heer

Wer sich für Gott entscheidet, gehört zum Gottesstaat

- Der **Niedergang Roms** wirft die Frage auf, warum Gott das zulässt. Augustinus antwortet: Auf äußeres Wohlergehen kommt es nicht an, sondern auf die innere **Entscheidung für Gott**.
- Alle, die den inneren Weg zu Gott gehen, bilden den **Gottesstaat** („**Civitas Dei**", an dessen Ende die **Erlösung** steht), alle, die das irdische Leben in den Mittelpunkt stellen, den **Weltstaat** („**civitas terrena**", an dessen Ende der **Untergang** steht).
- Für den Weltstaat hat die Geschichte weder **Sinn** noch **Ziel**, für den Gottesstaat schon.

Die Liebe soll dem Menschen Richtschnur seines Handelns sein

- In der auf Gott ausgerichteten Liebe findet der Mensch die Richtschnur für sein Handeln – ein wichtigeres **moralisches Gesetz** als die Liebe gibt es nicht.

Dabei beeinträchtigt ihn die Erbsünde

- Die **Tendenz zum Bösen** liegt an der Erbsünde – davon kann sich niemand befreien.
- Der Mensch ist daher in Bezug auf die Erlösung ganz von der **Gnade Gottes** abhängig.
- Zudem hat er, weil sonst die Macht Gottes beschränkt wäre, **keine Freiheit**; alles ist von Gott bereits vorherbestimmt („**Prädestination**").

Bedeutung

- Augustinus ist der wichtigste **Kirchenvater** und erster großer Vertreter der **christlichen Philosophie** → mit ihr ändern sich viele Grundauffassungen der Philosophie: Erschaffung der Welt aus dem Nichts (ein Gedanke, der der Antike völlig fremd ist); Geschichte als Heilsgeschehen (am Ende steht das Reich Gottes) statt ewiger Wiederkehr desselben; persönlicher Gott, der die Menschen liebt, statt fernem „Prinzip" oder Architekten.
- Der „Gottesstaat" ist der erste philosophische Versuch der Rechtfertigung Gottes (**Theodizee**).

Zitate

„In dich selber kehre ein; denn im Innern des Menschen wohnt die Wahrheit."

„Liebe und tue, was du willst."

„Du hast uns zu dir hin geschaffen, und unser Herz ist unruhig, bis es ruhe in dir."

„Zwei Staaten werden durch zweierlei Liebe begründet, der irdische durch Selbstliebe, der himmlische durch Gottesliebe."

Verwandte Ideen

- Deutliche Anknüpfung an **Platon** (vor allem seine Ideenlehre, siehe S. 12)
- **Martin Luther** (1483–1546) gründet seine Rechtfertigungslehre auf den Gnadengedanken Augustinus'.
- **Descartes** (siehe S. 28) stützt sich bei „Cogito ergo sum" auf „Si enim fallor, sum".

Übrigens

Der junge Augustinus lebte **ausschweifend** (hat mit Konkubine einen Sohn). Doch mit zunehmendem Alter bedauert er dies und lehnt jede Sinneslust (auch Streben nach Geld und Ehre) ab.

380	410	413	455	476
Das Christentum wird vom römischen Kaiser zur Staatsreligion erhoben	Rom wird von den Westgoten geplündert	Augustinus, „De Civitate Dei"	Die Vandalen plündern Rom	Ende des Weströmischen Reiches und der Antike

Thomas von Aquin – und der Beweis Gottes

Auf einen Blick

Nach der Scholastik von Aquin gibt es fünf Wege, sich Gott rational anzunähern.

Scholastik

- **Versöhnung von Glaube und Vernunft** ▶ **Zwei Bereiche (Wahrheit und Wirklichkeit)**
- **rationale Annäherung an Gott** ▶ **5 Wege**

Biografie

- Thomas von Aquin, * um 1225 in Süditalien, † 1274 in einem italienischen Kloster
- Der Sohn eines **wohlhabenden Grafen** tritt entgegen dem ausdrücklichen Wunsch der Familie ins **Dominikanerkloster** (Bettelorden) ein (seine Brüder nehmen ihn sogar gefangen, um ihn daran zu hindern – erfolglos).
- In Paris und Köln studiert er **Theologie und Philosophie**.
- Ab 1252 lehrt er in Paris, Rom und Neapel als **Professor** Theologie.
- Zwischen 1259 und 1268 arbeitet er als **Hoftheologe** von **Papst** Urban VI.
- 1269 wird Thomas nach Paris berufen, um dort den Kampf gegen die über die arabische Philosophie „eingewanderte" Lehre des **Aristoteles** aufzunehmen.
- Seine wichtigsten Werke sind die **„Summe der Theologie"** (unvollendet) und die **„Summe wider die Heiden"**.
- 1323 erfolgt seine **Heiligsprechung**.

Denken

Glaube und Vernunft haben ihren je eigenen Bereich

- Über die arabische Philosophie dringt der bis dato weitgehend unbekannte **Aristoteles** in das abendländische Denken ein (vorher vor allem: Platon).
- **Problem:** Aristoteles fokussiert seine Philosophie nicht auf das **Transzendente** (wie Platon), sondern auf die Erscheinungen der **Welt** → **Konkurrenz** Philosophie/Theologie, Sorge um Einheit des menschlichen Geistes (Glaube/Vernunft).
- Thomas löst das so: **Glaube und Vernunft** haben je ihren **eigenen Bereich** (**übernatürliche Wahrheit** bzw. **Weltwirklichkeit**).
- Im Bereich der **Vernunft** bedarf es ***keiner* Erleuchtung durch Gott** (contra Augustinus und seine Schüler), hier braucht man stattdessen die **Sinne und rationale Überlegungen**; Vernunft hat sogar (in Grenzen) die Möglichkeit, das **Übersinnliche** (z. B. die Existenz Gottes) zu erfassen, nur **konkrete Glaubenswahrheiten** (Trinität etc.) bleiben ihr verschlossen; durch seine Vernunft hat der Mensch **Anteil am Geist Gottes**.

1181	**um 1200**	**ab ca. 1200**	**ab ca. 1200**	**1212**
Geburt des Hl. Franz von Assisi (Begründer des Franziskanerordens)	Gründung des Inkareiches mit der Hauptstadt Cusco	In Deutschland setzen sich Familiennamen durch	Niederschrift des Nibelungenliedes	Entscheidende Schlacht der „Reconquista", der Rückeroberung Spaniens von den Arabern

- Glaube und Vernunft stammen **beide von Gott**, deshalb kann es zwischen ihnen **keinen Widerspruch** geben; der **Glaube** hat jedoch einen gewissen **Vorrang** (seine Wahrheit ist vollkommener als die der Vernunft).

Es gibt fünf Wege, um sich der Existenz Gottes rational zu nähern

- Alle Wege setzen bei der **Wirklichkeit** an und basieren auf der **Annahme** (Axiom!), dass nichts bis ins **Unendliche** fortschreiten kann.
- Wege 1–3: Alle Bewegung verlangt nach einem Anstoß, die Reihe kann nicht bis ins Unendliche gehen → erste Bewegung geht von Gott aus („**unbewegter Beweger**“, **kosmologischer Beweis**), parallel dazu ist Gott auch die „**erste Ursache**“ (**Kausalbeweis**) und das „erste durch sich **Notwendige**“ (**Kontingenzbeweis**).
- Weg 4: Gott als **Maß für Vollkommenheit** (alle Dinge der Welt streben der göttlichen Vollkommenheit zu, **Stufenbeweis**).
- Weg 5: Gott als **oberster Lenker** (wegen der Zweckmäßigkeit der Naturdinge muss es einen einsichtigen Lenker geben, **teleologischer Beweis**).

Bedeutung

- Thomas ist der **wichtigste Theologe des Mittelalters**.
- Er **vereinigt** die aristotelische Philosophie mit dem platonisch-augustinischen Denken.
- Mit der Aufwertung der Vernunft fördert er die **Philosophie** als eigenständige Disziplin.

Zitate

„Gott tut alles wegen eines Zieles.“

Es war „dem Menschen zum Heile notwendig, dass ihm gewisse Dinge, welche die menschliche Vernunft übersteigen, durch göttliche Offenbarung bekannt wurden.“

„Jegliche Bewegung setzt ein Unbewegliches voraus.“

„Nichts ist im Verstand, was nicht vorher in den Sinnen wäre.“

Verwandte Vorstellungen

- Thomas wird zur **Scholastik** gezählt, der mittelalterlichen Philosophie/Theologie (ab ca. 800 bis ca. 1500); Kennzeichen: Versuche, Gott allein durch die Vernunft zu beweisen („Gottesbeweise“ z. B. auch des Anselm von Canterbury), Erschließung des antiken Denkens für die christliche Lehre, Gründung von Universitäten, Streit um das Verhältnis von Glaube und Vernunft.
- Unter anderem die Vorstellung des „unbewegten Bewegers“ findet sich schon bei **Aristoteles** (siehe Seite 14).

Übrigens

- Thomas gilt bei seinen Kommilitonen wegen seiner großen Leibesfülle und seiner Schüchternheit als „**stummer Ochse**“.
- Angeblich muss man in seinen Schreibtisch sogar eine runde Einbuchtung sägen, damit er daran sitzen kann.

1215	1254	1265	1291	1299	um 1300
Gründung des Dominikanerordens	Marco Polo wird geboren	Thomas von Aquin, „Summe der Theologie“	Ende der Kreuzzüge und Verlust des Heiligen Landes	Gründung des Osmanischen Reiches	Erfindung der Brille in Venedig

Petrarca – und die schöne Welt

Auf einen Blick

Renaissance – Humanismus

Die Welt ist für Petrarca an sich schön und wertvoll; er gehörte zu den ersten Menschen, die zweckfrei einen Berg bestiegen.

Vertrauen in Mensch und Welt ▸ **Philosophie für das Hier und Jetzt** ▸ **Entfaltung der menschlichen Fähigkeiten**

Biografie

- Francesco Petrarca, * 1304 (Arezzo), † 1374 (Padua)
- Er studiert **Jura** in Montpellier und Bologna.
- Petrarca wendet sich mit Begeisterung der **antiken Literatur** zu.
- Mit 22 Jahren wird er **Priester** in Avignon.
- Zu seinem Unglück verliebt er sich unsterblich in eine verheiratete Frau, die er Zeit seines Lebens verehrt.
- Auf der Suche nach antiken Handschriften reist er durch Frankreich, Belgien und Deutschland.
- Zeitweise lebt er in Mailand bei den Visconti (Adelsgeschlecht) und in Venedig.
- Von seinen Werken ist vor allem sein „Canzoniere" bekannt, ein Gedichtzyklus vorwiegend aus Sonetten (insbesondere Liebeslyrik).

Denken

Die Philosophie der Scholastik muss überwunden werden

- Petrarca sagt: Die Fixierung der mittelalterlichen Philosophie auf **Aristoteles** ist fast wie **Abgötterei**, man soll sich auch mit **anderen antiken Autoren** beschäftigen (z. B. Platon oder Cicero).
- Aristoteles **kritisiert** er dafür, dass dieser zwar z. B. das Wesen der Tugend erklärt, aber nicht lehrt, warum man die Tugend lieben und das Laster hassen soll.
- Zudem hält Petrarca das um seiner selbst willen erworbene Wissen der **Scholastiker** (also der mittelalterlichen Philosophen) für nutzlos („**Haarspaltereien**").

Philosophie soll stattdessen die Kunst des guten Lebens sein

- Philosophie soll keine abstrakte Kunst sein, sondern die **Kunst des guten Lebens**.
- Ein Philosoph muss es also auch verstehen, mithilfe der **Rhetorik** beim Zuhörer die **Liebe** zu den Themen der Philosophie zu entfachen.

ab ca. 1300	ab ca. 1300	1307	1308	1309 bis 1377
Das Spinnrad setzt sich durch	Die Kirchturmuhren werden eingeführt und vermitteln den Menschen erstmals ein Gefühl für die Zeit	Der Templerorden wird durch den französischen König zerschlagen	In Venedig erste Obduktion einer Leiche in Europa	Die Päpste haben ihren offiziellen Sitz in Avignon statt in Rom

- Dazu muss sich die Philosophie mehr mit dem **Hier und Jetzt** und mit **konkreten Menschen** befassen als mit ewigen, anonymen scholastischen Systemen.
- Die **Sprache als Werkzeug** ist in der Philosophie zentral.
- Um überzeugend zu sein, muss der **Philosoph** selbst **rechtschaffen und gut** sein.

Mensch und Welt sind schön und gut

- Das Hauptaugenmerk Petrarcas liegt auf der freien **Entfaltung der schöpferischen Kräfte** des Menschen (er hat großes Vertrauen in die menschlichen **Fähigkeiten**).
- Sein Ideal ist der „**uomo universale**" (der ständefreie, allseitig gebildete Mensch, der stets seine Kenntnisse erweitert).
- Die **Welt** ist für ihn, anders als im Mittelalter, nicht mehr eine feindliche, für den Menschen verderbliche Durchgangsstation auf dem Weg zum Jenseits, sondern ein **Ort eigener Wertigkeit und Schönheit**.

Bedeutung

Petrarca gilt als **Vater des (Renaissance-)Humanismus** und ist **einer der größten Dichter Italiens**.

Zitate

„Das Gute zu wollen ist wertvoller, als das Wahre zu erkennen."

„Ich habe […] sechzehn oder noch mehr Werke von Platon zu Hause, und ich zweifle, ob sie [die Scholastiker] auch nur einmal den Namen von einem derselben gehört haben […]."

„Das also sind die wahren Philosophen und die besten Tugendlehrer, deren erste und letzte Absicht ist den Hörer und Leser gut zu machen, die nicht nur lehren, was das Wesen von Tugend und Laster ist […], sondern die uns Liebe und Sehnsucht nach diesem höchsten Gute einflößen."

Verwandte Ideen

- Petrarca ist einer der ersten Vertreter der sog. „**Renaissance**", der Zeit des Übergangs zwischen Mittelalter und Neuzeit; Kennzeichen dieser Epoche sind: Wiedergeburt der Antike, Aufgreifen der römischen Philosophie und antiker Autoren, neues und optimistisches Menschenbild (Würde des Menschen als Freiheit, durch eigene künstlerisch-schöpferische Tat sein Wesen zu formen), Entfernung vom starren Denken der Scholastik.
- Weitere **Renaissance-Humanisten** sind z. B. der „Fürst der Humanisten" **Erasmus von Rotterdam** (1466–1536), der sich für Bildung einsetzt, oder **Thomas Morus** (1478–1535). Letzterer verfasst den Roman „**Utopia**", in dem er eine ideale Gesellschaft beschreibt, in der **religiöse Toleranz** herrscht und in der es **kein Privateigentum** gibt.

Übrigens

- Petrarca prägte die europäische Liebesdichtung in beachtlichem Maße – die in seiner Nachfolge entstandene (und vor allem im Barock wichtige) Stilrichtung bezeichnet man als „Petrarkismus".

1313	1347	1348	um 1350
Das Schwarzpulver wird erfunden	Erste Pestwelle in Europa → 1/3 der Bevölkerung stirbt	Gründung der ersten deutschen Universität in Prag	Die arabischen Zahlen lösen die römischen ab; die Null setzt sich durch

Hobbes – und der Gesellschaftsvertrag

Auf einen Blick

Ein zentrales Zitat von Hobbes lautet: „Der Mensch ist dem Menschen ein Wolf.“

Empirismus

Ausweg aus dem Krieg aller gegen alle (= Naturzustand) ▶

- **Gesellschaftsvertrag**
- **Staat (Leviathan)**

Biografie

- Thomas Hobbes, * 1588, † 1679 (beides in England)
- Sein Vater ist **Landgeistlicher**.
- Er studiert an der Universität **Oxford**, v. a. Logik und Physik.
- Später wird er **Hauslehrer**, **Reisebegleiter** und **Privatsekretär** in adeligen Familien.
- Er trifft viele herausragende Gelehrte seiner Zeit (z. B. Descartes und Galilei).
- Seine Lieblingsthemen sind **Mathematik**, **Physik** und **Physiologie**.
- Aufgrund seiner Verteidigung der englischen Monarchie flieht er vor dem Parlament ins **Exil**.
- Allerdings bekommt er eine **Amnestie** und darf nach England zurückkehren.
- Sein **Hauptwerk zur Staatstheorie** heißt „**Leviathan**“ (1651).

Denken

Der Naturzustand des Menschen ist der Krieg

- Der Mensch an sich ist **egoistisch und feindselig**.
- Es regiert das **Recht des Stärkeren**, ein „**Krieg aller gegen alle**“, sodass sich keiner seines Besitzes oder auch seines Lebens sicher sein kann.
- Daraus resultiert ein Zustand ständiger **Unsicherheit und Furcht**.
- Der ursprüngliche Mensch ist aber **nicht** „**böse**“, denn **ohne Gesetze** gibt es **kein** „**richtig**“ **und** „**falsch**“, er ist völlig **wertfrei**, wie ein Tier einfach an der **Selbsterhaltung** interessiert.

Der Ausweg aus dem Krieg ist der Gesellschaftsvertrag

- Mithilfe der **Vernunft** einigen sich alle darauf, ihre **natürliche Freiheit nicht auszuleben**, sondern einen **Staat** zu gründen, der ein geregeltes Zusammenleben erzwingt.
- Dafür wird ein **Vertrag** geschlossen, der die **Willkür** jedes Einzelnen beschränkt und dafür die **Erhaltung** aller garantiert → ein **Gesellschaftsvertrag**.
- Der Staat ist wie ein riesiges, mächtiges Wesen, das **Frieden und Schutz** gewährleistet.
- Dieser „**Leviathan**“ unterdrückt also die Wolfsnatur des Menschen durch Gesetze etc.
- Dadurch entstehen auch die Kategorien „richtig“ und „falsch“.

1492	1517	1533	1533	ab 1550	1582
Columbus entdeckt Amerika	Martin Luther veröffentlicht seine 95 Thesen	König Heinrich VIII. bricht mit Rom (→ Entstehung der anglikanischen Kirche)	Geburt von Elisabeth I. von England (→ Elisabethanisches Zeitalter)	Erster Höhepunkt der europäischen Hexenverfolgungen	Der Gregorianische Kalender wird eingeführt

Bedeutung

- Hobbes war ein **großer Rechtsphilosoph** und einer der **bedeutendsten Theoretiker des Gesellschaftsvertrags** und damit ein wichtiger Vertreter des **Kontraktualismus** (= Lehre/Theorie vom Gesellschaftsvertrag).
- Er war ein **früher Vertreter** des englischen **Empirismus** („empeiria“ = Erfahrung; Empiriker sagen, man könne nichts wissen, was jenseits unserer Erfahrungswelt liegt).

Zitate

„Der Mensch ist dem Menschen ein Wolf.“ („homo homini lupus est“)

„Wir finden drei Gründe für Streit in der menschlichen Natur: erstens Konkurrenz, zweitens Mangel an Selbstvertrauen, drittens Ruhmsucht.“

„Der Mensch sucht von Natur keine Gesellschaft um der Gesellschaft willen, sondern um von ihr […] Vorteil zu erlangen […].“

„Der alleinige Weg zur Errichtung einer solchen allgemeinen Gewalt […] liegt in der Übertragung ihrer gesamten Macht und Stärke auf einen Menschen oder eine Versammlung von Menschen […].“

Verwandte Ideen

Neben Hobbes haben auch **Locke** (siehe S. 30) und **Rousseau** (siehe S. 36) Staatstheorien aufgestellt (beide waren ebenso wie Hobbes Empiristen). Gerade Rousseaus positive Sicht auf den Menschen unterscheidet sich dabei aber grundlegend von der pessimistischen Einschätzung von Hobbes.

Übrigens

Der „**Leviathan**“ ist ein **Seeungeheuer** aus der **biblischen Mythologie**, das z. B. bei **Hiob** auftaucht. Er trägt wahlweise die Züge eines Krokodils, eines Drachen, einer Schlange oder eines Wals. Eigentlich repräsentiert er Chaos und Unordnung, steht aber auch für **Allmacht und Unbezwingbarkeit**. Auf diese Eigenschaften bezieht sich Hobbes, wenn der den Staat als „Leviathan“ betitelt.

1595	1606	1618	1633	1642 bis 1644	1651
William Shakespeares „Romeo und Julia“ wird in London uraufgeführt	Gründung der ersten engl. Kolonie in Nordamerika	Beginn des 30-jährigen Krieges	Galileo Galilei widerruft seine Lehre vom Kopernikanischen Weltbild	Bürgerkrieg zwischen Krone und Parlament	Hobbes, „Leviathan“

Descartes – und der Zweifel

Auf einen Blick

Rationalismus

sichere Erkenntnis

Ausgangspunkt:		Bezugspunkt:
• Zweifel	▶	• eigene Existenz (res cogitans)
• Gott als idea innata/ Verstand	▶	• Welt (res extensa)

Ein zentrales Zitat von Descartes lautet: „Ich denke, also bin ich."

Biografie

- René Descartes, * 1596 (Frankreich), † 1650 (Stockholm)
- Descartes ist der Sohn eines **wohlhabenden Rechtsgelehrten**.
- Er besucht eine renommierte Jesuitenschule (Musterschüler) und absolviert ein **Jurastudium**.
- Nach einer militärischen Ausbildung nimmt er als **Freiwilliger** am **30-jährigen Krieg** teil.
- Danach geht er mehrere Jahre auf **Reisen** und sucht bewusst immer wieder die **Einsamkeit**.
- Mit einer Geliebten hat er eine Tochter, die allerdings nur 5 Jahre alt wird.
- Er folgt dem **Ruf der Königin von Schweden**, an deren Hof er nur ein Jahr später stirbt.
- Von seinen Werken sind v. a. die „Abhandlung über die Methode des richtigen Vernunftgebrauchs und der wissenschaftlichen Wahrheitsforschung" (1637) und die „Meditationen über die Grundlagen der Philosophie" (1641) bekannt geworden.

Denken

Alles kann man anzweifeln, nur nicht die Existenz des Zweiflers selbst

- Descartes erkennt in **allen Aussagen** (auch der Philosophie) **Schwachpunkte**, die zum Zweifeln zwingen.
- Er erkennt: Man kann **alles anzweifeln** (die Erkenntnisse der Sinne, Überlegungen, sogar scheinbare Gewissheiten der Mathematik etc.), aber eines ist bei all dem Zweifeln gewiss, nämlich die **Existenz des Zweifels** selbst („**cogito ergo sum**" = „Ich denke, also bin ich").
- Es ist unmöglich zu zweifeln (was ja nichts anderes ist als denken), ohne gleichzeitig als Zweifelnder zu existieren, zu *sein* → durch den Zweifel kann man sich der **eigenen Existenz** als „**res cogitans**" („zweifelndes Ding") sicher sein.

Gott als der Garant der Erkenntnis

- Wenn nur der Zweifel gewiss ist, wie gewinnt man Erkenntnis von der Welt („**res extensa**")?
- Gott existiert, denn **per Definition** ist er **vollkommen** und die Idee der Vollkommenheit kann man sich nicht selbst ausgedacht haben, sie muss von einer höheren Instanz (Gott) eingepflanzt worden sein („**idea innata**").
- Ein vollkommener Gott kann aber nicht so niederträchtig sein, uns ständig zu **täuschen**.

1600	1618	1633	1637
Der Mönch Giordano Bruno wird als Ketzer verbrannt, weil er sagt, das Universum sei unendlich	Beginn des 30-jährigen Krieges	Galileo Galilei widerruft vor der Inquisition seine Lehre vom Kopernikanischen (heliozentrischen) Weltbild	Descartes, „Von der Methode des richtigen Vernunftgebrauchs und der wissenschaftlichen Forschung"

Der Verstand als Mittel der Erkenntnis

- Unser **Bewusstsein** ist also dank Gott dazu in der Lage, Gewissheit auch von der äußeren Welt zu erlangen; dies bezieht sich aber nur auf unseren **Verstand** – unsere **Sinneswahrnehmung** ist leicht zu täuschen.
- Der Verstand arbeitet natürlich auf der Basis von Sinneswahrnehmungen, aber den so wahrgenommenen Dingen kommen verschiedene **Qualitäten** zu, **primäre** (z. B. die Anzahl), die rational erfassbar sind, und **sekundäre**, die subjektiv sind (Farbe, Geruch etc.).
- Nur auf die primären Eigenschaften, die mithilfe des Verstandes erfasst werden, ist **Verlass**.

Bedeutung

- Descartes sieht den **Ursprung der Gewissheit** nicht mehr wie mittelalterliche Philosophie in Gott, sondern **im Menschen** (das ist neu!).
- Seine Philosophie ist so vieldeutig, dass jeder in ihr etwas anderes sehen kann (z. B. sowohl Gotteskritik als auch tiefe Gläubigkeit) – ein Grund für seine enorme Wirkmächtigkeit.
- Er gilt als **Begründer des Rationalismus**, einer der Hauptströmungen der **Aufklärung**, die der **reinen Verstandestätigkeit**, vor allem der Mathematik, zutraut, allein aus sich heraus das Wesen der Dinge erkennen.

Zitate

„Ich hatte eben stets eine außerordentlich große Begierde, das Wahre vom Falschen unterscheiden zu lernen, um in meinen Handlungen klar zu sehen und in meinem Leben sicher zu gehen."

„Alsbald aber machte ich die Beobachtung, dass [...] alles sei falsch, doch notwendig ich, der das dachte, irgendetwas sein müsse, und da ich bemerkte, dass diese Wahrheit ‚ich denke, also bin ich' so [...] sicher wäre, dass auch die überspanntesten Annahmen der Skeptiker sie nicht zu erschüttern vermöchten, so konnte ich sie meinem Dafürhalten nach als das erste Prinzip der Philosophie [...] annehmen."

Verwandte Ideen

- Descartes stützt sich bei „Cogito ergo sum" auf **Augustinus'** „Si enim fallor, sum" (siehe S. 20).
- Kennzeichen der **Neuzeit** allgemein: historische Umwälzungen (Buchdruck, Entdeckung Amerikas etc.), Fortschrittsdenken, Emanzipation der Naturwissenschaften, neues Weltbild (heliozentrisches Weltbild, Unendlichkeit des Universums, Konflikte mit der biblischen Botschaft).
- Weitere Vertreter des Rationalismus sind z. B. **Baruch Spinoza** (1632–1677, **Begründer der modernen Bibelkritik**) oder auch **Leibniz** (siehe S. 32).

Übrigens

- Descartes' **Gottesbeweis** ähnelt dem des **Anselm von Canterbury** (1033–1109).
- Er schreibt ein Buch, in dem er wie **Galilei** von der Erdbewegung ausgeht; als Galilei deswegen angeklagt wird, beschließt Descartes jedoch, es nicht zu veröffentlichen.
- Zweifelhaften Ruhm bringt ihm seine (für die damalige Zeit übliche) Haltung zu Tieren ein: Im Gegensatz zum bewussten Menschen seien **Tiere** als „res extensa" nur gefühllose **Maschinen**.

ab 1643 – Der „Sonnenkönig" Ludwig XIV. regiert 72 Jahre lang

ab ca. 1643 – Pathetische Mode (z. B. lange Männerperücken)

ab 1668 – Ausbau des Schlosses Versailles

1673 – Uraufführung von „Der eingebildete Kranke" (Molière)

Locke – und der menschliche Verstand

Auf einen Blick

Empirismus

- **Gebrauch des eigenen Verstandes („tabula rasa“)** ▶ **Wahrheit im Bereich des sinnlich Zugänglichen**
- **Sicherung der Naturrechte** ▶ **Gesellschaftsvertrag: Staatswesen mit Gewaltenteilung**

Für Locke kommt jeder Mensch als unbeschriebenes Blatt Papier zur Welt.

Biografie

- John Locke, * 1632 ,† 1704 (beides in England)
- Der Sohn eines puritanischen Rechtsgelehrten stammt aus einer **wohlhabenden Familie**.
- Als Kind erlebt er den englischen Bürgerkrieg und die Hinrichtung des englischen Königs Karl I.
- Er studiert in **Oxford** Philosophie, Naturwissenschaften und Medizin.
- Von der Scholastik ist er enttäuscht.
- Er lernt **einflussreiche Freunde** kennen, die ihn fördern (bei einem von ihnen arbeitet er auch als **Arzt und politischer Berater**).
- Als seine Freunde in Ungnade fallen, verliert auch er sein Ansehen und muss zeitweise das Land verlassen (**Flüchtling** in den **Niederlanden**).
- Schließlich wird er aber rehabilitiert und bekleidet ein englisches **Staatsamt**.
- Hauptwerk zur Erkenntnistheorie: „Untersuchungen über den menschlichen Verstand“; Hauptwerk zur Gesellschaftstheorie: „Zwei Abhandlungen über die Regierung“

Denken

Der Mensch ist ein „unbeschriebenes Blatt“

- Ausgangsfrage: Woher kommen die **Ideen** (nicht die platonischen Ideen, sondern alle **Bewusstseinsinhalte** des Menschen, alles was er denkt, meint, glaubt etc.)?
- Antwort: Aus der Erfahrung, also durch die **Sinne** (nicht nur durch die 5 Sinne, sondern auch durch den inneren Sinn = die Reflexion); es gibt **keine Idee**, die **angeboren** wäre, auch nicht die Idee von Gott oder ein moralisches Prinzip.
- Beweis: Es gibt keine Idee, die **alle Menschen auf der Welt** teilen (z. B. ist in manchen Kulturen das Töten der alten Eltern legitim); sogar eine grundlegende Idee wie der Satz vom Widerspruch („Ein Ding kann nicht zugleich sein und nicht sein“) wird zwar z. B. von Kindern oder „Wilden“ verstanden, wenn man ihn ihnen erklärt, aber er ist nicht von vornherein in ihrem Bewusstsein.
- Fazit: Der Mensch kommt als **unbeschriebenes Blatt** („**tabula rasa**“) zur Welt; alle Ideen werden durch **Erfahrung und Erziehung** hervorgebracht.
- Da die Erkenntnis nicht weiter reicht als die Erfahrung, kann der Mensch über Dinge, die dem Verstand nicht zugänglich sind (z. B. über das Seiende an sich oder über Gott), **nichts wissen**.

1642 bis 1644 – Englischer Bürgerkrieg zwischen Krone und Parlament

1649 – Hinrichtung von Karl I. von England

1649 – Abschaffung der engl. Monarchie → Republik („Commonwealth“)

ab 1649 – Puritaner geben in England den Ton an

Jeder Einzelne muss die Wahrheit kraft seines Verstandes selbst suchen

- Die Rede von den angeborenen Ideen ist nach Locke ein **Machtinstrument** für die Herrschenden (damit können sie Prinzipien behaupten, ohne sie erklären zu müssen).
- Statt sich auf die Herrschenden oder sonstige Autoritäten oder eben irgendwelche angeblich angeborenen Prinzipien zu verlassen, sollte der Mensch nach **Erfahrung und Reflexion** streben und so durch seinen **eigenen Verstand** die Wahrheit suchen.

Den Schutz von Leben, Eigentum und Freiheit garantiert ein Gesellschaftsvertrag

- Die Menschen schränken ihr Recht auf unbegrenzte Selbstentfaltung freiwillig ein, indem sie einen **Gesellschaftsvertrag** schließen.
- Das mit dem Gesellschaftsvertrag gegründete Staatswesen garantiert die **Naturrechte seiner Bürger** (insb. Recht auf Leben, Freiheit und Eigentum) und setzt diese durch.
- Falls das Staatswesen dies nicht tut, dann haben die Bürger ein **Recht auf Widerstand**.
- In dem Staatswesen soll **Gewaltenteilung** (Trennung von Legislative und Exekutive) herrschen.

Bedeutung

- Locke gilt als **Gegenspieler** von **Descartes'** (siehe S. 28) Rationalismus und als **Begründer** der modernen Erkenntnistheorie **des Empirismus** („empeiria" = Erfahrung; Empiriker sagen, man könne nichts wissen, was jenseits unserer Erfahrungswelt liegt).
- Zusammen mit Rousseau (siehe S. 36) und Hobbes (siehe S. 26) gilt er als **wichtigster Vertreter des Kontraktualismus**.
- Mit dem Fokus auf die Werte Freiheit und Eigentum ist Locke ein Vertreter des **Liberalismus**.

Zitate

„Es war für die, die sich als Meister und Lehrer aufspielten, von nicht geringem Vorteil, wenn sie das zum Prinzip aller Prinzipien machten, dass Prinzipien nicht in Zweifel gezogen werden dürften. [...] damit aber wollte man [...] sie [die normalen Menschen] dazu veranlassen, diese Lehren auf Treu und Glauben anzuerkennen. In dieser Haltung blinder Leichtgläubigkeit ließen sie sich von gewissen Leuten leichter regieren und besser ausnützen."

„Und so behält die Gemeinschaft beständig eine höchste Gewalt für sich, um sich vor den Angriffen und Anschlägen einer Körperschaft, selbst ihrer Gesetzgeber, zu sichern, so oft diese so töricht oder schlecht sein sollten, Pläne gegen die Freiheiten und Eigentumsrechte [...] zu verfolgen [...]."

„Die Vernunft muss unser oberster Richter und Führer in allen Dingen sein."

„Nichts ist im Geiste, was nicht vorher in den Sinnen war."

Verwandte Ideen

Weitere berühmte **Empiriker** waren **Isaac Newton** (1643–1727) und Hume (siehe S. 34).

Übrigens

- Locke war trotz seiner empiristischen Skepsis **gläubiger Christ**.
- Erst in seinem **Testament** bekannte er sich zur **Autorschaft** der „Zwei Abhandlungen".

ab 1653	1660	1665	1665 bis 1667	1689
Puritanische Militärdiktatur in England	Monarchie wird wiederhergestellt	Große Pest von London	Krieg Englands gegen die (siegreichen) Niederlande	Die Bill of Rights begründet die konstitutionelle Monarchie in England

Leibniz – und die Harmonie

Auf einen Blick

Rationalismus

Harmonie …

… zwischen Vernunft und Offenbarung

… im Bereich der Monaden

▶ Die Welt ist die beste aller möglichen Welten

Harmonie – wie bei zwei im gleichen Takt schlagenden Uhren – ist zentral bei Leibniz.

Biografie

- Gottfried Wilhelm Leibniz, * 1646 (Leipzig), † 1716 (Hannover)
- Er ist der Sohn eines Professors der Moralphilosophie.
- Er gilt als **Wunderkind**, studiert Jura, Philosophie und Mathematik und **promoviert** im Alter von nur 20 Jahren.
- Danach wird er **Hofrat und Bibliothekar** in Hannover.
- Er gründet die **Berliner Akademie der Wissenschaften**.
- Leibniz schreibt 300 Briefe pro Jahr; darüber hinaus veröffentlicht er mehrere Werke, darunter besonders bekannt die „**Theodizee**" (1710) mit einer berühmt gewordenen **Verteidigung der Gottesgerechtigkeit**.
- Allerdings stirbt er einsam und verlassen.

Denken

Harmonie zwischen Vernunft und Offenbarung

- Leibniz unterscheidet zwischen **Vernunft- und Tatsachenwahrheiten**.
- Vernunftwahrheiten haben einen **zureichenden Grund in sich selbst** (z. B. Sätze der Mathematik, Gott, Unsterblichkeit der Seele), zur Überprüfung reicht ein **analytisches Urteil**.
- Tatsachenwahrheiten hingegen haben ihren **zureichenden Grund außerhalb** (z. B. Wunder) – zur Überprüfung braucht man die **Realität**.
- Vernunft- und Tatsachenwahrheiten bilden aber **keinen Widerspruch**.

Die Welt ist unter allen möglichen/denkbaren Welten die beste

- **Einzelnes** ist zwar aus der **Sicht des Menschen unvollkommen**, von einer **höheren**, dem Menschen allerdings verwehrten **Perspektive** aus ist aber alles **perfekt** (z. B. ist eine Welt mit Freiheit und Übel besser als eine ohne beides).

1637	1648	1650	17. Jh.
Die ersten Sonette von Andreas Gryphius werden gedruckt	Der Westfälische Friede beendet den 30-jährigen Krieg	In Deutschland beginnt die Epoche des Hochbarock	Blütezeit des Cembalos (Barockmusik)

Monadologie

- Die Welt ist aus **kleinsten Teilen** aufgebaut („Monaden“, von gr. „monas“ = „Einheit“).
- Monaden sind **keine toten Atome**, sondern metaphysische, formende **Substanzen** (ihre Aktivität ist rein **geistiger Art**).
- Eigenschaften der Monaden: Sie sind unsterblich, unteilbar, sinnvoll geordnet, individuell (von schlafenden Monaden in anorganischen Stoffen bis hin zu geistig hochaktiven Monaden beim Menschen) und ohne Verbindung zueinander.
- **Gott** als höchste Monade ist **reiner Geist**.
- Gott hat alle Monaden in „**prästabilisierter Harmonie**“ programmiert und aufeinander abgestimmt (wie **Uhren** im gleichen Takt).

Bedeutung

- Leibniz gilt als **letzter Universalgelehrter** (er erfindet unter anderem die Infinitesimalrechnung, eine tragbare Uhr, ein U-Boot und eine Rechenmaschine).
- Zudem ist er der große **Optimist der Philosophiegeschichte**.

Zitate

„Je weiter wir in der Erforschung der natürlichen Ursachen gelangen, desto fähiger werden wir, die Natur zu beherrschen. Fürchten Sie nicht, dass die Menschen ihre Grenzen überschreiten!“

„Die Monaden sind die wahren Atome der Natur.“

Verwandte Ideen

- Auch Leibniz ist, wie **Descartes** (siehe S. 28), dem **Rationalismus** zuzurechnen.
- Seine Monaden sind vergleichbar mit den **Aristotelischen „Entelechien“** (siehe S. 15).

Übrigens

- Leibniz’ optimistische Weltsicht sollte sich auch in **Weltfrieden** und einer **Union des Christentums** ausdrücken, seine Versuche dahingehend scheiterten jedoch.
- Der „Leibniz-Keks“ verwendet den Namen des Philosophen. Die einzige Verbindung ist allerdings Hannover, wo die Hersteller-Firma ihren Sitz hat.

1656	1683	1685	1710	1712
Paul Gerhardt, „Ich steh an deiner Krippe hier“	Abwehr des ersten türkischen Angriffs auf Wien	Johann Sebastian Bach wird geboren	Leibniz, „Theodizee“	Die erste praxistaugliche Dampfmaschine wird erfunden

Hume – und die Skepsis

Auf einen Blick

Skeptizismus

Erfahrung als Urmaterial der Erkenntnis ▶ **Erfahrung ist ungewiss** ▶ **Wir können nichts wissen**

Dass die Sonne morgens aufgeht, ist laut Hume Erfahrungswissen, auf das wir uns nicht verlassen können.

Biografie

- David Hume, * 1711, † 1776 (beides in **Schottland**)
- Hume ist der Sohn eines verarmten Landadeligen.
- Er ist sehr wissbegierig, studiert Jura, bricht jedoch ab und bringt sich selbst Philosophie bei.
- Er erkrankt für mehrere Jahre an **Depressionen**, die ihm sehr zusetzen.
- Lange hat er Probleme, beruflich Fuß zu fassen, und leidet unter der **materiellen Unsicherheit**.
- Er geht nach **Frankreich**, wo er Kontakt zu französischen Aufklärern aufnimmt (z. B. Rousseau).
- Seine frühe Philosophie findet keinerlei Gehör bei seinen Zeitgenossen, was ihn zutiefst kränkt – erst später wird er, vor allem in Paris, als Philosoph geschätzt.
- Schließlich ist er im britischen **Staatsdienst** auch beruflich **erfolgreich** und findet zurück in Schottland seinen **Seelenfrieden** (zählt seinen Besitz auf: eigenes Haus, finanzielles Auskommen, Ehre, Bibliothek, Schwester, die ihm Gesellschaft leistet, Haushälterin und Katze).
- Unter seinen Werken sticht v. a. „**Ein Traktat über die menschliche Natur**“ (1740) hervor.

Denken

Unser Wissen entspringt der Erfahrung – außer in der Mathematik

- Wenn wir unsere Gedanken analysieren, stellen wir fest, dass sie sich stets auf Erfahrung stützen → **sinnliche Empfindungen** (innere und äußere Sinne) sind das **Urmaterial der Erkenntnis**.
- Die Erkenntnis stützt sich also alleine auf unsere Sinne, nicht auf die Dinge, wie sie „wirklich“ sind (nur darauf, wie wir sie wahrnehmen) → wie die **Dinge wirklich** sind, wissen wir also nicht und werden es auch **nie wissen**.
- Einzige **Ausnahme** ist die **Mathematik**. Hier gibt es apriorische, d. h. unabhängig von sinnlichen Erlebnissen notwendig miteinander verknüpfte Vorstellungen. Aber auch die Mathematik verrät uns nichts über die Wirklichkeit der Dinge.

Doch sogar auf das Erfahrungswissen können wir uns nicht verlassen

- **Tatsachen der Wirklichkeit**, die wir mit unseren **Sinnen** erfassen, sind nicht im selben Maße gesichert wie **mathematische Tatsachen**. Dass z. B. die Sonne morgen aufgeht, kann keiner wissen (weil es keiner empirisch überprüfen kann), das beruht auf Erfahrung.

18. Jh.	1707	1750	1770	um 1770
Zeitalter der schottischen Aufklärung	Schottland und England schließen sich zum Königreich Großbritannien zusammen	Die „Kleine Eiszeit“ (1500–1850) in Europa erreicht ihren Höhepunkt	Beginn der Industriellen Revolution in England	Der Schotte James Watt führt die „Pferdestärken“ in die Physik ein

- Um im Leben dennoch eine gewissen **Sicherheit** zu erlangen, verbinden wir Erfahrungen von Ursache und Wirkung zu **Kausalketten**, die aber **nicht beweisbar** sind. Wir vertrauen einfach darauf, dass die Dinge immer so ablaufen, wie es uns die **Gewohnheit** lehrt.

Über „übersinnliche" Dinge können wir nichts wissen

- Selbst die Vorstellung von **Gott** geht auf die Besinnung auf unser **eigenes Wesen** zurück (Güte, Weisheit) und die Steigerung dessen ins Unendliche.
- Jede Form der **Metaphysik** (Grunddisziplin der Philosophie, die sich mit den letzten Fragen der Welt beschäftigt wie z. B. der Existenz Gottes, dem Leben nach dem Tod, dem Sinn des Daseins etc.) hält er für **unsinnig** („Mummenschanz"), da sie sich auf Dinge bezieht, die **weder mathematisch noch durch die Erfahrung** zugänglich sind.
- Auch das „**Ich**" wird von ihm anders definiert als von den metaphysischen Philosophen: Es ist kein einheitliches, erfassbares Etwas, **keine Substanz**, sondern einfach ein **Bündel an Sinneseindrücken, Bewusstseinsinhalten und Gefühlen**, die alle ständig im **Wandel** sind.

Bedeutung

- Hume gilt als **größter Philosoph und Aufklärer Englands.**
- Sein **radikaler Skeptizismus** (Anzweifeln jedes sicheren Wissens) ist charakteristisch für die späte Aufklärung.

Zitate

„Das Ganze der Welt ist ein Rätsel [...]. Zweifel, Ungewissheit, Enthaltung des Urteils sind das einzige Ergebnis, zu dem die schärfste und sorgsamste Untersuchung uns führen kann."

„Die Vorstellung Gottes, in der Bedeutung eines allwissenden, allweisen und allgütigen Wesens entsteht aus der Besinnung auf die Operationen unseres eigenen Geistes und die grenzenlose Steigerung dieser Eigenschaften der Güte und Weisheit."

„Nehmen wir irgendein Buch zur Hand, z. B. über Theologie oder Schulmetaphysik [...]: Enthält es eine abstrakte Erörterung über Größe und Zahl? Nein. Enthält es eine auf Erfahrung beruhende Erörterung über Tatsachen und Existenz? Nein. So übergebe man es den Flammen [...]."

Verwandte Ideen

- Ähnlich rigoros antikirchlich wie Hume ist der französische Aufklärer **Voltaire** (1694–1778).
- Hume ist ein Vordenker **Kants** (siehe S. 38).
- Seine Religionskritik hat Ähnlichkeit mit **Feuerbachs** Projektionstheorie (siehe S. 46).

Übrigens

- Hume ist eng befreundet mit **Adam Smith** (1723–1790), dem Begründer der Nationalökonomie.
- Er beschäftigt sich auch als **Historiker** und schreibt eine „Geschichte von Großbritannien", die ihn zu einem reichen Mann macht.

1776	1776	1776	1780
Der Schotte und Begründer der freien Marktwirtschaft Adam Smith schreibt sein Hauptwerk	Unabhängigkeitserklärung der USA	James Cook erreicht Australien und nimmt das Land für Großbritannien in Besitz	Die britische Baumwollindustrie hat Wachstumsraten von 12 % pro Jahr

Rousseau – und die edlen Wilden

Auf einen Blick

Französische Aufklärung

Durch Privateigentum entstehen laut Rousseau *„reich"* und *„arm"* und damit der Hang des Menschen zum Bösen.

Naturzustand: gut ▶ **Zivilisation: schlecht** ▶ **Ausweg: Gesellschaftsvertrag**

Biografie

- Jean-Jacques Rousseau, * 1712 (Genf), †1778 (bei Paris)
- Er verlebt eine **unglückliche Kindheit** und hat ab seinem 16. Lebensjahr eine mütterliche Freundin und spätere Geliebte aus dem Adel, die ihn (zeitweise) vom Katholizismus überzeugt.
- Rousseau ergreift einen Beruf nach dem anderen und führt ein **unstetes Wanderleben**.
- Nach 20 Jahren des Zusammenlebens heiratet er eine Wäscherin; seine **5 Kinder** gibt er ins **Findelhaus**, weil sie zu laut sind und zu hohe Kosten verursachen.
- Weil er in seinem Werk alle Religionen als gleich gut darstellt, werden seine **Bücher verbrannt**.
- In seinen autobiografischen und posthum veröffentlichten „**Bekenntnissen**" stellt er sich schonungslos selbst dar (will an seinem eigenen Beispiel das menschliche Wesen untersuchen).
- Er wirkt **egozentrisch**, wahrheitsfanatisch, hypochondrisch und unruhig und überwirft sich mit allen Kollegen (z. B. Hume und Voltaire), weswegen er **einsam und verbittert** stirbt.
- Bekannt sind v. a. der Erziehungsroman „**Emile**" (1762) und „**Der Gesellschaftsvertrag**" (1762).

Denken

Die Zivilisation hat den guten Menschen verdorben

- Der **Naturzustand** des Menschen ist „**gut**" – allerdings trägt er in sich auch den **Hang zum Bösen:** Er ist ein zwiespältiges Wesen.
- **Historisch** gesehen lebte er **einst** in einem Umfeld, das seinem **Gutsein** entsprach und dieses **förderte:** als „**sauvage**" („Wilder", der von Jagd und Fischfang lebt) und später (goldenes Zeitalter der Menschheit) in der nomadischen **Hirtengesellschaft** („**barbares**").
- Der **Verfall** setzt erst mit Ackerbau und **Sesshaftigkeit** ein → **Privateigentum** wird zur Wurzel alles Bösen, da dadurch „**reich**" und „**arm**" entstehen; so kommt es zur „zivilisierten" Gesellschaft, in der der Hang des Menschen zum Bösen zutage tritt.
- Das Rad der Geschichte lässt sich jedoch nicht zurückdrehen, aber der **Fortschritt** soll **eingedämmt** werden (*kein* „Zurück zur Natur"!).

ab dem 17. Jh. – Französisch wird die Sprache des europäischen Adels

Anfang des 18. Jh. – Frankreich ist nahe am Staatsbankrott

1755 – Schweres Erdbeben mit Tsunami und Großbrand in Lissabon

1759 – Voltaire, „Candide" (darin ist das Erdbeben Thema)

Ein Gesellschaftsvertrag kann die Menschheit retten

- Nur eine neue **Gesellschaftsordnung** mit gerechtem **Gesellschaftsvertrag** („**contrat social**") kann den Zustand entschärfen und die **Gleichheit** und **Freiheit** des Einzelnen wiederherstellen (zwar gibt man seine natürliche Freiheit dadurch auf und unterstellt sich dafür einem selbst gewählten Gesetz, erlangt dadurch aber rechtliche Freiheit).

Die Erziehung muss zudem von vornherein die guten Anlagen des Menschen fördern

- Außerdem muss man bei der **Erziehung** ansetzen: Sie soll **antiautoritär** sein, weniger Wissen, sondern vielmehr **Herzensbildung** vermitteln; das Kind soll eigenständig an **Erfahrungen** lernen, **keine Strafen**, aber dafür **viel Liebe** bekommen etc.
- Rousseaus Fokus liegt dabei auf den **Jungen**; Mädchen sollen vor allem den Männern gefallen.
- Zu den guten Anlagen gehört u. a. das **Gewissen**; es gehört in den Bereich der Gefühle, die ursprünglicher und besser sind als die Vernunft, und soll für das moralisch richtige Handeln sorgen.

Bedeutung

- Rousseau wird zum **Vorbild** für eine ganze Epoche der **Pädagogik**.
- Seine **Staatstheorie** ist Zündstoff für die **Französische Revolution** (ab 1789).
- Rousseau ist ein wichtiger Vertreter des **Kontraktualismus**.
- Er **erschüttert die Grundlagen der Aufklärung:** den optimistischen **Fortschrittsglauben**.

Zitate

„Alles ist gut, wie es aus den Händen des Schöpfers der Dinge hervorgeht; alles entartet unter den Händen des Menschen. […] Er vermengt und vertauscht die Klimaverhältnisse, die Elemente und die Jahreszeiten. Er verstümmelt seinen Hund, sein Pferd und seinen Sklaven; […]. Er will nichts so haben, wie es die Natur gebildet hat, selbst den Menschen nicht."

„Der erste, der ein Stück Land eingezäunt hatte und […] sagte: ‚Das ist mein' und […] Leute fand, die das glaubten, wurde zum wahren Gründer der bürgerlichen Gesellschaft. Wie viele Verbrechen, Kriege, Morde, Leiden und Schrecken würde einer dem Menschengeschlecht erspart haben, hätte er die Pfähle herausgerissen […] und seinesgleichen zugerufen: ‚Hört ja nicht auf diesen Betrüger. Ihr seid verloren, wenn ihr vergesst, dass die Früchte allen gehören und die Erde keinem.'"

„Es geht mir nicht darum, uns in unsere tierhafte Ungebildetheit zurückzuversetzen."

Verwandte Ideen

Rousseaus **Gesellschaftsvertrag** lässt sich mit dem von **Hobbes** (siehe S. 26) vergleichen (allerdings ist bei Hobbes der Mensch ursprünglich nicht „gut", sondern wie ein egoistisches Tier).

Übrigens

In seinen Bekenntnissen gesteht Rousseau auch **befremdliche Neigungen:** Als Teenager war er so besessen von dem Gedanken an Mädchen, dass er sich in dunklen Alleen herumdrückte und sich dort, allerdings von Weitem, „den Personen weiblichen Geschlechts in dem Zustande [zeigte], in dem ich hätte bei ihnen sein mögen". Er war also Exhibitionist.

1763	um 1770	1774	1776
Frankreich verliert Krieg gegen Preußen (Friedrich d. Gr.) und in der Folge Provinzen in Nordamerika (Québéc, Louisiana)	Diderot und d'Alembert vervollständigen ihre Enzyklopädie	Ludwig XVI. besteigt den Thron (seine Frau: Marie Antoinette)	Unabhängigkeitserklärung der USA

Kant – und die Erkenntnisbrille

Auf einen Blick

Wir sehen die Wirklichkeit durch unsere Wahrnehmungsbrille und können deshalb keine sicheren Aussagen über sie machen, meint Kant.

Deutsche Aufklärung

kopernikanische Wende ▶ **Abhängigkeit der Erkenntnis von unserem Erkenntnisapparat**

von der Vernunft gegebenes, allgemeines Moralgesetz ▶ **Guter Wille als Maßstab moralischen Handelns → kategorischer Imperativ**

Biografie

- Immanuel Kant, * 1724, † 1804 (beides in Königsberg, das er Zeit seines Lebens nie verlässt)
- Kant stammt aus einer **armen Handwerkerfamilie** und wird streng **protestantisch** erzogen.
- Ab 1740 studiert er **Philosophie** (auch Mathematik, Naturwissenschaften und Theologie).
- Er arbeitet als Hauslehrer, Privatdozent, Bibliothekar an der königl. Schlossbibliothek und schließlich **Professor** für Metaphysik und Logik (später Rektor) an der Universität Königsberg.
- „**Kritik** [„Untersuchung"] **der reinen Vernunft**" (1781), Aufsatz zur „**Beantwortung der Frage: Was ist Aufklärung?**" (1784) und „**Kritik der praktischen Vernunft**" (1788).

Denken

Was kann ich wissen? Dass die Dinge sich nach mir richten und nicht umgekehrt

- Alle **Erkenntnis** stammt aus **Erfahrung**. Diese setzt sich aus Sinneseindrücken („Stoff") und dem, was unser Erkenntnisvermögen hinzufügt („Form"), zusammen → **Stoff** + **Form** = **Erfahrung**.
- **Formen** sind **a priori** (= vor jeder Erfahrung, also: allen Menschen gleich, „unbewusst", insb. Zeit und Raum), sie sind vergleichbar mit einer blauen **Brille**, die wir alle auf der Nase tragen – die Umgebung erscheint uns dadurch blau; wie sie wirklich ist, können wir nicht wissen.
- Schlussfolgerung: Wenn man schon über die „sichtbare" Wirklichkeit **keine gesicherten Aussagen** jenseits der eigenen Wahrnehmungsbrille treffen kann, dann erst recht nicht über die „unsichtbaren" Gegenstände der **Metaphysik** (Gott, Seele, Freiheit etc.).
- Ideen wie „Gott" oder „Seele" sind Versuche, das gesamte Erfahrungsmaterial zu ordnen.
- **A posteriori** (= nach der Erfahrung) kann die **Wissenschaft** jedoch versuchen, diese **Brille zu finden** und damit **Stoff und Form gedanklich** wieder voneinander zu **trennen**.
- Eine Philosophie, die so vorgeht, nennt Kant „**Transzendentalphilosophie**".

Was soll ich tun? Den kategorischen Imperativ befolgen

- Der Mensch ist nicht nur ein unfreies Tierwesen, sondern auch ein **freies Vernunftwesen** – er kann entgegen seinen Neigungen nach einer von der Vernunft gebotenen **Pflicht** handeln.
- Für den moralischen Wert einer Handlung ist nicht die Handlung selbst oder die Folge der Handlung ausschlaggebend, sondern der dahinter stehende **gute Wille**.

1720	1740 bis 1786	1767	1774	1775	1779
Beginn der Aufklärung in Deutschland	Herrschaft Friedrichs des Großen von Preußen	Der Bildungsreformer Wilhelm von Humboldt wird geboren	Goethe, „Die Leiden des jungen Werther"	Letzter Hexenprozess in Deutschland	Lessing, „Nathan der Weise"

- Die Vernunft gebietet dem Menschen den **kategorischen Imperativ**: „Handle nur nach derjenigen Maxime, durch die du zugleich wollen kannst, dass sie ein allgemeines Gesetz werde." Eine Maxime ist dabei ein **persönlicher Leitsatz** für das eigene Handeln.
- Beispiel: „Wenn es für mich vorteilhaft ist, gehe ich ein Versprechen ein mit der Absicht, es nicht zu halten." (Maxime) – „Wenn es vorteilhaft ist, geht jeder Versprechen mit der Absicht ein, es nicht zu halten." (Verallgemeinerung der Maxime) – „Kann ich das wollen?" (Prüfung der Verallgemeinerung) – „Nein! Denn dann würden **Versprechen wertlos** werden." (Moralisches Urteil)
- Der kategorische Imperativ liegt nach Kant in der **Natur der Vernunft** begründet – Kant will ihn nicht erfunden, sondern nur **entdeckt** haben.

Was darf ich hoffen? Dass mein Wille frei ist, meine Seele unsterblich und Gott existiert

- Über den kategorischen Imperativ, also die Praxis, kommt Kant zu drei praktischen Postulaten, die sich auf Metaphysisches beziehen, die aber nicht im Bereich des Wissens liegen.
- **Freier Wille:** Die **Vernunft** erlässt von sich aus den **kategorischen Imperativ**; wir können uns dafür oder dagegen **entscheiden**, nach ihm zu handeln → wir haben einen freien Willen.
- **Unsterblichkeit der Seele:** Der kategorische Imperativ gebietet **moralische Vollkommenheit**; zu Lebzeiten können wir die aber **nicht erreichen** → Fortdauer der Existenz.
- **Gott:** Es gehört zur Vernunftidee, dass der **moralisch gute Mensch Glückseligkeit** erlangt → das setzt ein allmächtiges, allwissendes, gütiges Wesen voraus, das diese Glückseligkeit verleiht.

Bedeutung

- Kant vollbringt eine der größten Leistungen, die die Philosophiegeschichte kennt: Die „**Kopernikanische Wende**" der Philosophie hin zur Moderne → Die Erkenntnis richtet sich nicht nach den Dingen, sondern die Dinge nach der Erkenntnis (bei Kopernikus: Die Sonne dreht sich nicht um die Erde, sondern die Erde um die Sonne).
- Von einem Philosophenkollegen wird er daher als „**Alleszermalmer**" bezeichnet.

Zitate

„Die Gegenstände müssen sich nach unserer Erkenntnis richten."

„Gedanken ohne Inhalt sind leer, Anschauungen ohne Begriffe sind blind."

„Sapere Aude! Habe Mut, dich deines eigenen Verstandes zu bedienen!"

Verwandte Ideen

- Kant macht viele **Anleihen**, übt aber auch **Kritik** sowohl am **Empirismus** (z. B. Hume) als auch am **Rationalismus:** Weder komme die Erfahrung ohne den Verstand aus noch umgekehrt.

Übrigens

- Kant ist berühmt für seinen extrem **durchgeplanten Tagesablauf:** 4.45 Uhr Wecken durch Zuruf seines Dieners „Es ist Zeit!", 2 Tassen Tee, 5–7 Uhr Vorbereitung auf Vorlesungen, 7–9 Uhr Vorlesungen, 9–12.45 Uhr Arbeit am Schreibtisch, bis 16 Uhr Mittagessen und Geselligkeit, 16–19 Uhr Lesen und Nachdenken, 19 Uhr Spaziergang, 22 Uhr Nachtruhe.

1781	1786	1789	1791	1796
Kant, „Kritik der reinen Vernunft"	Friedrich Wilhelm II. wird König von Preußen; Beginn der Deutschen Klassik	Französische Revolution	Mozart, „Zauberflöte"	Die erste Impfung (gegen Pocken) wird in Europa durchgeführt

Hegel – und der Weltgeist

Auf einen Blick

Deutscher Idealismus

Antithese: **Entäußerung, Erwachen, Konfrontation**

These: **unreflektiertes Sein**

Das Absolute

Synthese: **Versöhnung, Liebe, vollendetes Sein**

Ein zentrales Zitat von Hegel lautet: „Was überhaupt die Welt bewegt, das ist der Widerspruch […].“

Biografie

- Georg Wilhelm Friedrich Hegel, * 1770 (Stuttgart), † 1831 (Berlin, vermutlich an der Cholera)
- Er studiert in Tübingen **Philosophie und Theologie**; gilt als lebenslustig (Kartenspiel, Alkohol).
- Von der Französischen Revolution ist er begeistert; als Napoleon durch Jena reitet, ist er von diesem Anblick tief beeindruckt.
- Zunächst wird er Hauslehrer, dann Professor in Heidelberg und schließlich lange Jahre gefeierter **Professor in Berlin** (dort ist er Kollege von Arthur Schopenhauer und Friedrich Schleiermacher, einem berühmten evangelischen Theologen).
- Er heiratet eine über 20 Jahre jüngere Frau.
- Als sein wichtigstes Werk gilt die „**Phänomenologie des Geistes**“ (1807).

Denken

Das Leben ist ein Prozess der ständigen Trennung und Vereinigung

- Alle Dinge sind bestimmt von einem fortdauernden Kreislauf der Trennung und Vereinigung .
- Dieses Geschehen nennt Hegel „**Dialektik**“.
- Das kann man **exemplarisch** an der **Liebe** erkennen: **Ein Liebender** („**These**“) + ein geliebtes **Gegenstück** („**Antithese**“, durch dieses geht der Liebende aus sich hinaus, wird sich selbst fremd, trennt sich also von sich selbst) = **Liebe** („**Synthese**“, indem er sich für sein Gegenüber aufgibt, findet der Liebende erst sein wahres Ich).

Dahinter steht „das Absolute“, das selbst auch dialektisch ist

- **Liebe** ist aber nicht nur ein Einzelvorgang, sondern **durchwaltet** die gesamte **Wirklichkeit** und verweist daher auf etwas, das **allen Dingen gemeinsam** ist → es ist ein sichtbarer Ausdruck des „**Absoluten**“/Gottes (des Urgrundes hinter allen sichtbaren Dingen).
- Offenbar existiert dieses Absolute nur in **Gegensätzen**, die zur **Einheit** in der Liebe **drängen**, aber doch immer auch **zerrissen bleiben**.

„Das Absolute“ ist gleichsam der Weltgeist, der sich im menschlichen Geist abbildet

- Das Absolute /Gott ist **nicht der Schöpfergott** des Christentums, sondern **Geist**, und daher ist auch die **Welt** sichtbar gewordener „Geist“ – schließlich ist sie ja die **Manifestation** des Absoluten /Gottes (wenn wir denken, die Welt sei Materie, ist das letztlich eine Täuschung).
- Seinen **vornehmsten Ausdruck** findet der göttliche Geist im **menschlichen Geist**.

1783	1789	1804 bis 1815	1806	1807	1809
Erstes funktionsfähiges Dampfschiff und erste Ballonfahrt	Französische Revolution	Hochromantik in Deutschland	Napoleon siegt gegen Preußen in den Schlachten bei Jena und Auerstedt	Hegel, „Phänomenologie des Geistes“	Gründung der Universität von Berlin

Der Weltgeist hat eine (dialektische) Geschichte: die Weltgeschichte

- Wenn sich der göttliche Geist (u. a.) im menschlichen Geist abbildet, so kann man beide miteinander vergleichen; das **Charakteristische** des **menschlichen Geistes** ist das **Selbstbewusstsein**; es entwickelt sich gemäß der Grundstruktur der Wirklichkeit **dialektisch:**
  1. **These** → **das „träumende" Ich des Kleinkindes**, das noch nichts von sich selbst weiß / sich nicht selbst reflektiert
  2. **Antithese** → **das heranwachsende Selbstbewusstsein**, das sich mit sich selbst auseinandersetzt und sich dadurch selbst fremd wird (es zerfällt in das Ich, das schaut, und das Ich, das angeschaut wird; Zeit der Identitätsfindung, z. B. als junger Erwachsener)
  3. **Synthese** → **Versöhnung mit sich selbst**, Anerkennung der Einheit.
- Auch der **göttliche Geist** ist **werdendes Selbstbewusstsein**, hat also eine **Geschichte** (!): 1. **träumender Gott**, 2. **Selbstentfremdung** (diese zerrissene Gottheit, die sich selbst anschaut, ist die Welt, wie wir sie erleben), 3. **Versöhnung** (Zukunftsperspektive).
- Im jetzigen Stadium der Gottesgeschichte ist der menschliche Geist quasi der schauende Gott und die Natur der angeschaute Gott → **durch uns Menschen betrachtet Gott sich selbst.**
- Auch die **Rückkehr Gottes zu sich selbst** (Versöhnung) vollzieht sich in uns (Stück für Stück); sie zeigt sich im Fortschritt in der **Kunst**, der **Religion**, im **Recht** und v. a. in der **Philosophie**.
- Wie auch bei den Dingen ist dieser göttl. Prozess von Traum, Trennung und Versöhnung **ewig**.

Bedeutung

- Hegel ist **neben Kant die größte Figur der dt. Philosophiegeschichte** und wurde daher mit Goethe verglichen (leistet in der Philosophie ähnlich Wichtiges wie Goethe in der Literatur).
- Er entwickelt die **letzte große Metaphysik** der abendländischen Geistesgeschichte (ein in sich geschlossenes, allumfassendes System zur Erklärung der Welt).
- Er beeinflusste das Denken v. a. von **Marx** (siehe S. 50) und den **Existenzialisten** (siehe S. 48, 62).

Zitate

„Was überhaupt die Welt bewegt, das ist der Widerspruch, und es ist lächerlich zu sagen, der Widerspruch lasse sich nicht denken."

„Alles, was im Himmel und auf Erden geschieht – ewig geschieht –, das Leben Gottes und alles, was zeitlich getan wird, strebt nur danach hin, dass der Geist sich erkenne [...]."

„Das wahrhafte Wesen der Liebe besteht darin, das Bewusstsein seiner selbst aufzugeben, sich in einem anderen Selbst zu vergessen, doch in diesem [...] Vergessen sich erst selbst zu haben [...]."

Verwandte Ideen

Mit Friedrich **Schelling** (1775–1854) und Johann Gottlieb **Fichte** (1762–1814) gehört er zum deutschen **Idealismus**. Kennzeichen: umfassende **Gesamtentwürfe**, Überhöhung der **romantischen Ideen**, das **Sein an sich** ist, anders als bei Kant, erkennbar.

Übrigens

Hegel spricht entsprechend seiner Herkunft in breitem schwäbischem Dialekt.

ab 1812	1813	1815	1816	1819	um 1830
Veröffentlichung der Grimmschen Märchen	Völkerschlacht bei Leipzig	Wiener Kongress	Das „Jahr ohne Sommer" (Vulkanausbruch in Indonesien)	Schopenhauer, „Die Welt als Wille und Vorstellung"	In Europa bricht die Cholera aus

Bentham – und die Nützlichkeit

Auf einen Blick

Utilitarismus

Kein „gut" oder „schlecht" an sich

▼

hedonistisches Kalkül ▶ **größtmögliches Glück für die größtmögliche Gruppe**

Nach dem utilitaristischen Prinzip soll das Glück der Menschen maximiert werden.

Biografie

- Jeremy Bentham, * 1748, † 1832 (beides in **London**)
- Der Sohn eines **reichen Anwalts** gilt als **Wunderkind** und beginnt schon mit 12 Jahren das Jura- und Philosophiestudium in **Oxford**.
- Der Juristenberuf entspricht ihm allerdings nicht, und so wendet er sich der **Politik** zu.
- Sein Wirken beschränkt sich v. a. auf den Bereich der **Ethik** und der **Rechtsphilosophie**.
- Eine seiner ethisch bedeutenden Schriften lautet „**Principles of Morals and Legislation**" (1789).
- In Deutschland war er nicht beliebt – hier herrschte nicht der nüchterne Zeitgeist des englischen Nützlichkeits- und Glücksstrebens, außerdem störte man sich an seinem **Atheismus**.

Denken

Der Mensch wird beherrscht von Leid und Freude

- Was auch immer der Mensch erlebt, es bereitet ihm (in verschiedenen Abstufungen) entweder **Leid** (Unheil, Schmerz) oder **Freude** (Lust).
- Jeder Mensch will Leid vermeiden und Freude gewinnen und dadurch einen **Zustand des Glücks** erreichen.

Gut ist die Handlung, die eine möglichst große Anzahl Menschen glücklich macht

- Es gibt **kein gut oder schlecht** an sich – ob eine **Handlung** gut oder schlecht ist, wird allein daran gemessen, **wie viel Glück** sie verursacht.
- Dabei geht es nicht um den Einzelnen, sondern das Glück einer **möglichst großen Gruppe** (egoistisches Glücksstreben ist kurzsichtig, weil man ja von der Gruppe abhängig ist).

1799
Napoleonische Truppen entdecken den Stein von Rosette (→ Entschlüsselung der Hieroglyphen)

1800
Act of Union (England, Irland, Schottland)

im 19. Jh.
London wird zur größten Stadt der Welt (Bevölkerungsanstieg von 1800 bis 1900 um 5,7 Mio) → Slums

Es geht nicht um die Motive einer Handlung, sondern allein um deren Folgen

- **Innere Beweggründe** spielen bei der Beurteilung der Handlung **keine Rolle**.
- Die **Qualität** einer Entscheidung bzw. Handlung hängt alleine von deren **Folgen für das Glück** ab.
- Mithilfe einer Berechnung („**hedonistisches Kalkül**") sollen die negativen Folgen gegen die positiven aufgewogen werden.
- Insbesondere folgende Bestimmungsgrößen sollen bei dieser Berechnung beachtet werden: **Stärke und Dauer** der zu erwartenden Freude, **Wahrscheinlichkeit** ihres Eintretens, mögliche **Nebenfolgen**, Anzahl der **beteiligten Personen** etc.
- Bei der Bewertung des Glücks zählen alle Menschen gleich viel → Forderung nach **Gleichberechtigung**.

Bedeutung

- Bentham ist der Begründer des **klassischen Utilitarismus**, der, teilweise in abgewandelter Form, zahlreiche Anhänger fand.
- Er gilt als Wegbereiter des **Feminismus** und des modernen **Wohlfahrtsstaates** und ist seinen Zeitgenossen in Sachen **Toleranz** weit voraus (plädiert für Frauenstimmrecht, Abschaffung der Todesstrafe, für Tierrechte, die Legalisierung der Homosexualität und die Pressefreiheit).

Zitate

„Die Natur hat die Menschheit unter die Herrschaft zweier souveräner Gebieter – Leid und Freude – gestellt."

„Unter dem Prinzip der Nützlichkeit ist jenes Prinzip zu verstehen, das schlechthin jede Handlung in dem Maß billigt oder missbilligt, wie ihr die Tendenz innezuwohnen scheint, das Glück der Gruppe [...] zu vermehren oder zu vermindern."

Verwandte Ideen

- John Stuart **Mill** (1806–1873) entwickelt Benthams quantitativen Utilitarismus zum **qualitativen Utilitarismus** weiter. Demnach zählt nicht nur die Menge des Glücks, sondern auch dessen Qualität. Geistige Freuden bewertet Mill z. B. höher als körperliche Genüsse.
- Peter **Singer** (siehe S. 68) etabliert den **Präferenzutilitarismus**, der den Fokus weg von Glück und Leid hin zu den Interessen einer Person verschiebt.

Übrigens

Bentham ließ seinen **Körper konservieren**. So kann sein Skelett, das mit seiner Kleidung angezogen und mit Stroh ausgestopft ist, heute im University College in London bewundert werden. Als Kopf wählte man eine Wachsnachbildung, da die Mumifizierung des echten Kopfes misslang.

1804 – Napoleon wird Kaiser der Franzosen

1825 – In England befördert eine Eisenbahn erstmals Menschen

1826 – In Frankreich entsteht das weltweit erste Foto

um 1830 – In Europa bricht die Cholera aus

1834 – England verbietet die Sklaverei

Schopenhauer – und der Pessimismus

Auf einen Blick

Pessimismus

egoistischer Urwille durchdringt alles

▼

Konflikt mit sich selbst ▶ **Leid** ◀ **Freiheit: Kontemplation und Mitleid**

Widerstand

Der Urwille, Quelle allen Leids und Überlebensdrang, zeigt sich für Schopenhauer in der natürlichen Nahrungskette.

Biografie

- Arthur Schopenhauer, *1788 in Danzig, † 1860 in Frankfurt am Main
- Der Sohn eines **wohlhabenden Kaufmannes** und der **Schriftstellerin** Johanna Schopenhauer wird weltoffen erzogen, lernt viele Sprachen und macht als junger Mann eine zweijährige Europareise.
- Nach einem Studium der Naturwissenschaften und der Philosophie wird er **Professor in Berlin** (allerdings ohne Erfolg bei den Studenten), von wo er wegen der **Cholera** nach Frankfurt flieht.
- Sein Hauptwerk „**Die Welt als Wille und Vorstellung**“ wird lange überhaupt nicht beachtet, erst 10 Jahre vor Schopenhauers Tod ändert sich das.
- **Weder Frau noch Kinder** zu haben macht ihn froh – Frauen hält er ohnehin für unästhetisch und unbegabt („eine Art Mittelstufe zwischen dem Kinde und dem Manne“).
- Er **verachtet die Menschen** allgemein als „dumm“ und amoralisch und lebt im Alter **einsam** (nur mit einem weißen Pudel) vom Erbe seiner Familie als freier Schriftsteller.
- Sich selbst betrachtet er als **verkanntes Genie** („Die Zeit wird kommen, wo, wer nicht weiß, was ich über einen Gegenstand gesagt habe, sich als Ignoranten bloßstellt.“).

Denken

Die Existenz ist vom Leid bestimmt

- **Frustration** (weil die menschlichen Bedürfnisse nie wirklich befriedigt werden können) + **Langeweile** am Dasein + **Grausamkeit** durch andere Menschen = **Leid** (betrifft auch die Tiere).
- Die Welt ist die **schlechteste aller möglichen Welten** (Pessimismus).
- Auch die schönen, **angenehmen Dinge** der Welt können das **Leid mitnichten aufwiegen**.

Der Grund dafür ist der „Urwille“, der alles durchdringt

- Die ganze **Welt** existiert für den Menschen nur als die von ihm **subjektiv vorgestellte** (der Mensch weiß nichts über den Baum an sich, sondern nur darüber, wie er den Baum unter den Bedingungen von Raum, Zeit und Kausalität etc. sieht).
- Dahinter verborgen ist die **objektive Wirklichkeit**, die aus **zwei Komponenten** besteht: „**Urwille**“ (der als **Wesen der Dinge** auf verschiedene Art alles durchwaltet, von chemisch-

1804	1806	1807	1808	1809	1812
Napoleon wird Kaiser der Franzosen	Kapitulation des preußischen Heeres vor Napoleon	Hegel, „Phänomenologie des Geistes“	Uraufführung von Beethovens 5. Sinfonie („Schicksalssinfonie“) in Wien	Gründung der Universität von Berlin	Russlandfeldzug Napoleons

physikalischen Prozessen in der Natur über den Selbsterhaltungs- und Geschlechtstrieb der Tiere bis zur Vernunft des Menschen) + „**Ideen**“ (**Formen der Dinge**).

- Der **Urwille** ist blind, dumpf und vernunftlos, also **keinesfalls göttlich**.
- Er ist die **Quelle allen Leids:** Erstens will er **mit aller Kraft leben**, egal um welchen Preis (er zeigt sich deutlich im **Egoismus**, aber auch in der **natürlichen Nahrungskette** etc.); zweitens weiß er nicht, dass er überall ein und derselbe Wille ist, und stellt sich daher **gegen sich selbst** (konkret: der Wille in der Gestalt der Antilope stellt sich gegen den in der Gestalt des Löwen).

Man kann sich vom Leid nur durch Verneinung des Willens und Mitleid befreien

- Der Mensch muss das Walten des Urwillens einsehen und sich ihm dann **entgegenstellen**, er muss übergehen zur **interessenlosen Betrachtung** der reinen Ideen (**Kontemplation**), z. B. durch **Kunstgenuss** → **Gelassenheit** der Seele.
- Er kann das, obwohl er vom Willen bestimmt wird, weil er zusätzlich auch **Freiheit** besitzt.
- Zusätzlich muss er **praktisch tätig** werden: durch **Mitleid** mit anderen Menschen und Tieren.

Bedeutung

Schopenhauer war einer der ersten Philosophen im deutschsprachigen Raum, der der Meinung war, der Welt läge ein gänzlich **irrationales Prinzip** zugrunde.

Zitate

„Alles Leben ist Leiden.“

„Jeder läuft zuletzt [am Ende des Lebens] schiffbrüchig und entmastet in den Hafen ein.“

„Die Welt ist meine Vorstellung.“

„Ich weiß mir kein schöneres Gebet als das, womit die altindischen Schauspiele [...] schließen. Es lautet ‚Mögen alle lebenden Wesen von Schmerzen frei bleiben‘.“

Verwandte Ideen

- Der „**Vorstellungs**“-**Gedanke** erinnert an **Kant** (siehe S. 38), allerdings wagt Schopenhauer Aussagen über die Dinge an sich, während Kant sagt, darüber könne man nichts wissen.
- Der „Urwille“ erinnert zunächst an **Hegels Weltgeist** (siehe S. 40), ist aber bei Schopenhauer explizit nicht göttlich, sondern innerweltlich und wird außerdem negativ bewertet.
- Schopenhauers Pessimismus ist das **Gegenstück zu Leibniz’ Optimismus** (siehe S. 32).
- Die Dopplung von Willensentsagung und Mitleid ist mit der **Ethik des Hinduismus** verwandt, den Schopenhauer bewunderte.
- Die **Ideenschau** ist an **Platon** (siehe S. 12) angelehnt.

Übrigens

Schopenhauer konnte seine Professorenkollegen **nicht leiden**, vor allem **Hegel**. Dessen Philosophie sei eine „philosophische Hanswurstiade“ und Hegel selbst ein „Unsinnschmierer“ – vielleicht lag dieses Urteil auch daran, dass beide an derselben Universität lehrten, und Hegels Vorlesungen im Gegensatz zu denjenigen Schopenhauers immer gut besucht waren.

1815	1815	1819	um 1830	1844	1848
Schlacht bei Waterloo	Beginn der Epoche Biedermeier	Schopenhauer, „Die Welt als Wille und Vorstellung“	In Europa bricht die Cholera aus	Kirkegaard, „Der Begriff Angst“	Revolution in Deutschland; Die Nationalversammlung tagt in der Frankfurter Paulskirche

Feuerbach – und die Projektion Gottes

Auf einen Blick

Anthropologische Philosophie

Sinne ➡ Wahrheit

Abhängigkeit
Wunsch nach Glückseligkeit ▶ **Projektion eines idealen Wesens (Gott)**

Biografie

- Ludwig Feuerbach, * 1804 (Landshut), † 1872 (bei Nürnberg)
- Der **Sohn** eines der bedeutendsten **Juristen** Deutschlands studiert evangelische **Theologie**.
- Als er sich in Berlin einschreibt, um **Hegels** Vorlesungen zu hören, wechselt er vor lauter Begeisterung zu **Philosophie** (später bricht er allerdings mit Hegels Weltsicht).
- Nach seiner Promotion beginnt er eine Tätigkeit als **Privatdozent**.
- Die Aussicht auf eine Professorenstelle verbaut er sich allerdings nachhaltig mit der 1830 erschienenen **Erstlingsschrift** „Gedanken über Tod und Unsterblichkeit", die wegen ihres religionskritischen Inhalts sofort **verboten** wird.
- 1841 erscheint sein **Hauptwerk „Das Wesen des Christentums"**, das ihn berühmt macht.
- Im Revolutionsjahr 1848 hält er öffentliche Vorträge über Religionskritik (unter den Zuhörern ist u. a. der Schriftsteller Gottfried Keller).
- Nach der Hochzeit mit einer Fabrikantin lebt er einige Jahre finanziell abgesichert und zurückgezogen als **Privatgelehrter**.
- Nach dem **Bankrott** der Fabrik ist Feuerbach auf Zuwendungen von Freunden angewiesen.
- Er liest **Marx' „Kapital"** und schließt sich der **Sozialdemokratischen Partei** an.
- Nach mehreren Schlaganfällen stirbt er schließlich **arm und vereinsamt**.

Denken

Philosophie muss vom Menschen ausgehen

- Feuerbach weist nach anfänglicher Faszination Hegels Idee vom „Weltgeist" entschieden zurück.
- Er will in seiner Philosophie nicht von irgendeinem göttlichen Prinzip ausgehen, sondern einzig und allein vom **Menschen und seiner Realität**.

Der Mensch gelangt über die Sinnlichkeit zur Wahrheit

- In der **Erfahrung der Wirklichkeit durch die Sinne** liegt für ihn der Schlüssel zur **Wahrheit** – der **Verstand** läuft dagegen ständig Gefahr, über die Wirklichkeit hinaus zu **spekulieren**.
- Daher definiert er den Menschen auch nicht als Vernunftwesen, sondern als **sinnliches Wesen**.

1803 – Säkularisation

1818 – Hegel hält seine Antrittsvorlesung in Berlin

1828 – Der 16-jährige Kaspar Hauser tritt in Nürnberg erstmals in Erscheinung

1848 – Märzrevolution in Deutschland

Gott ist nur eine Erfindung

- Feuerbach sagt aber nicht nur, dass man über das Übersinnliche nichts wissen kann (wie Kant), sondern auch, dass es da gar nichts gibt, dass **Gott nur eine Einbildung** ist.
- Die Idee Gottes entspringt für ihn daraus, das der Mensch **sein eigenes Wesen idealisiert** und dann auf ein erfundenes äußeres Wesen **projiziert**.

Gott entspringt dem Gefühl der Abhängigkeit und dem Wunsch nach Glückseligkeit

- Der Mensch erfährt sich als abhängig. Allerdings hält er sich fälschlicherweise für von **Gott** abhängig, nicht – wie es den Tatsachen entspricht – von der **Natur**.
- Triebfeder für dieses Missverständnis ist das menschliche **Bedürfnis nach Glückseligkeit**, schließlich erscheint die Natur als bedrohlich im Gegensatz zu einem gütigen Gott.

Die Religion ist dem Untergang geweiht

- Feuerbach sieht das Christentum im Verfall begriffen, was er ausdrücklich begrüßt.
- Seine eigene Philosophie erscheint ihm daher als „**Wendepunkt der Weltgeschichte**".

Bedeutung

- Feuerbach gilt als **Vater der Religionskritik**.
- Er begründet eine konsequent **anthropologische** (auf den Menschen bezogene) **Philosophie**.

Zitate

„Palästina [die Theologie] ist mir zu eng; ich muss in die weite Welt, und diese trägt bloß der Philosoph auf seinen Schultern."

„Der erste Gegenstand des Menschen ist der Mensch."

„Ich bin vom Übersinnlichen zum Sinnlichen übergegangen, habe aus der Unwahrheit und Wesenlosigkeit des Übersinnlichen die Wahrheit des Sinnlichen abgeleitet."

„Das Wesen eines Gottes ist, dass er ein eingebildetes, unwirkliches, phantastisches Wesen ist, das aber gleichwohl ein reales, ein wirkliches Wesen sein soll."

„Was der Mensch nicht wirklich ist, aber zu sein wünscht, das macht er zu seinem Gotte oder das ist sein Gott."

„Der Mensch soll das Christentum aufgeben, denn erst dann wird er Mensch."

Verwandte Ideen

Feuerbachs Religionskritik wird von **Kierkegaard** (siehe S. 48), **Marx** (siehe S. 50), **Nietzsche** (siehe S. 52) und Sigmund **Freud** (1856–1939; Religion als „kollektive Zwangsneurose") aufgegriffen.

Übrigens

- „Der Mensch ist, was er isst." Dieses Wortspiel stammt ursprünglich von Feuerbach.
- Feuerbachs Vater erreicht durch seine Arbeit als Jurist im Jahr 1813 für Bayern die Abschaffung der Folter. Im selben Jahr wird er geadelt und zudem zum Obervormund des mysteriösen Ansbacher Findelkinds Kaspar Hauser bestimmt, das damals in aller Munde war.

1856 Der Novellenzyklus „Die Leute von Seldwyla" von Grottfried Keller erscheint

1856 Sigmund Freud wird geboren

1867 Der erste Band von Marx' „Kapital" erscheint

Kierkegaard – und die Angst

Auf einen Blick

Glaube ist für Kierkegaard ein „Sprung“.

Existenzphilosophie

Suche nach subjektiver Wahrheit ▶ **Angst** ▶ **Überwindung der Angst im Durchgang durch drei Stadien (ästhetisches, ethisches und religiöses Stadium) als Weg zu Gott**

Biografie

- Søren Kierkegaard, * 1813, † 1855 (beides in **Kopenhagen**)
- Er denkt, es laste ein Fluch auf der Familie, weil sein **vermögender**, **aber schwermütiger Vater** in seiner Jugend einmal Gott verfluchte und das dann ewig bereute.
- Auch Kierkegaard selbst ist unglaublich **schwermütig** („Grundelend meines Lebens“).
- Er liest und verehrt **Hegel** (zumindest zunächst) und **studiert** in Kopenhagen **Philosophie und Theologie** (mit Promotion).
- Bis zu seinem **frühen Tod** mit 42 Jahren (**Herzinfarkt**) lebt er **zurückgezogen**.
- In seinen Schriften **polemisiert** er u. a. gegen **Zeitgeist und Kirche** („Der Begriff Angst“, 1844).

Denken

Die Grundsituation des Menschen ist die Angst

- Kierkegaard geht bei dieser Erkenntnis vor allem von **sich selbst** aus, von der inneren **Zerrissenheit** und der **Verzweiflung**, die ihn bestimmen.

Die Philosophie muss auf den Einzelnen und seine Angst eingehen

- Die **großen philosophischen Systeme** wie das von **Hegel** geben auf die **Not** des Menschen **keine Antworten**, denn sie beschäftigen sich nur mit dem abstrakten „Ich“, aber nicht mit dem konkreten.
- Um ihm zu **helfen**, muss sich die Philosophie der **subjektiven Innerlichkeit** des Menschen zuwenden; dadurch wird der abstrakte zum **existenziellen Denker**, und nur letzterer ist wirklich mit **Leidenschaft** bei der Sache (es geht ja auch um sein konkretes Leben).
- Die **Wahrheit**, die er dabei entdeckt, ist **subjektiv** (aber nicht relativ!), d. h. sie steht in direktem Zusammenhang mit dem einzelnen Subjekt.

In der Angst ist der Mensch frei

- Der Mensch hat Angst vor den verschiedenen als **bedrohlich** erlebten **Möglichkeiten**, die das Leben bietet. → Es gibt also diese Möglichkeiten, und der Mensch kann zwischen ihnen **wählen**, er ist **frei**, der zu sein, der er sein will.

18. Jh.	1819	1837	1844	1848
Ein Drittel der Bevölkerung Kopenhagens stirbt an Seuchen	Schopenhauer, „Die Welt als Wille und Vorstellung“	Hans Christian Andersen, „Die Prinzessin auf der Erbse“	Kirkegaard, „Der Begriff Angst“	Dänemark wird zur Konstitutionellen Monarchie, das dänische Grundgesetz tritt in Kraft

Um die Angst zu überwinden, muss er religiös werden

- Es gibt **drei Stadien** bzw. Zustände der menschlichen Existenz, nämlich das …
  … **ästhetische Stadium: Verzicht** auf Freiheit; **unverbindliches Experimentieren** statt Entscheiden; Leben als Zuschauer/Genießer; Geist als Gehilfe zur Bedürfnisbefriedigung → **Daseinsleere**.
  … **ethische Stadium: Freiheitsgebrauch** und **Mut zur Entscheidung**; Finden einer persönlichen Aufgabe im Leben; Leidenschaft; kreativer Gebrauch des Geistes → **Stand im Dasein**.
  … **religiöse Stadium: Erfahrung der Ohnmacht** (aufgrund der eigenen Endlichkeit keine Möglichkeit, aus eigener Kraft die existenzielle Angst zu überwinden und wahrhaft zu sich selbst zu finden); daher **Sehnsucht** nach einer anderen, transzendenten Welt; im Kontakt dazu Erfahrung der eigenen **Unendlichkeit** sowie **Trost** und **Anweisungen** für das wahrhafte Selbstwerden, Handeln und Entscheiden → **Dasein in Gott**.

Auch im Glauben muss der Mensch als Einzelner vor Gott stehen

- Man wird **nicht** dadurch **Christ**, dass man **getauft** ist, sondern dadurch, dass man persönlich **Leidenschaft** für die Erlangung der ewigen Seligkeit verspürt.
- Glaube ist außerdem keine Sache des kühlen Nachdenkens, sondern ein „**Sprung**".
- Davon ausgehend übt Kierkegaard scharfe **Kritik** am bürgerlichen **Gewohnheitschristentum** und an der **Institution Kirche**, die nicht aus Gott, sondern **von Gott** lebt.

Bedeutung

Er ist Wegbereiter/erster Vertreter des **Existenzialismus**, gewinnt aber erst viel später Einfluss.

Zitate

„Ich bin ein Mensch, der von Kind auf in die elendste Schwermut gefallen ist. […] es ist mir alles unerklärlich, am meisten ich selbst."

„Es gilt, eine Wahrheit zu finden, die Wahrheit für mich sein kann, die Idee zu finden, für die ich leben und sterben will."

„Das Ungeheure, das einem Menschen eingeräumt ist, ist die Wahl, die Freiheit."

„Es kommt darauf, an, dass einer es wagt, ganz er selbst […] zu sein; allein vor Gott, allein in dieser ungeheuren Anstrengung und mit dieser ungeheuren Verantwortung."

„Glauben bedeutet den Verstand zu verlieren, um Gott zu gewinnen."

Verwandte Ideen

Die Betonung der Freiheit des Menschen findet sich auch bei **Sartre** (siehe S. 62).

Übrigens

- Seine einzige sexuelle Begegnung war wohl ein Bordellbesuch, bei dem er flieht, bevor er seine „Unschuld" verlieren kann; dafür wird er von den Prostituierten ausgelacht.
- Allerdings ist er lebenslang unsterblich in **Regine Olsen** verliebt, die er dann aber trotz Verlobung nicht heiraten will, weil er meint, nicht immer ehrlich zu ihr sein zu können → fast sein ganzes Werk, v. a. die Tagebücher, sind von der zerrissenen Beziehung zu ihr geprägt.

1856 – Der „Neandertaler" wird entdeckt

1866 – Der schwedische Chemiker Alfred Nobel erfindet das Dynamit

1867 – Schleswig und Holstein werden preußische Provinz

1871 – Gründung der „dänischen Sozialdemokraten"

Auf einen Blick

Die geballte Faust ist der Gruß der Arbeiterbewegung, deren Fürsprecher Marx ist.

Kommunismus

Kapitalismus (→ Privateigentum an Produktionsmitteln) *bedingt* → **Leid der Proletarier** *erfordert* → **Revolution (→ Vergesellschaftung der Produktionsmittel)**

„Opium" der Kirchen, Desinteresse der Philosophie *befördert* → **Leid der Proletarier**

Biografie

- Karl Marx, * 1818 (Trier), † 1883 (London)
- Der Sohn eines **Rechtsanwalts** studiert Jura, Philosophie, Literatur- und Kunstgeschichte und promoviert in **Philosophie** (intensive Auseinandersetzung mit Hegel).
- Er ist **kein** besonders **eifriger Student** und wird oft ermahnt (trägt verbotene Waffen, lärmt betrunken in der Nacht, duelliert sich, hält keine Ordnung, macht Schulden, schwänzt).
- Er wird **Journalist**, muss aber aufgrund seiner politischen Einstellung oft das Land wechseln.
- In Brüssel gründet er die **erste kommunistische Partei** der Welt (17 Mitglieder).
- Mit seiner Frau **Jenny von Westfalen** hat er **6 Kinder**.
- Zusammen mit Friedrich **Engels** (1820–1895) schreibt Marx das **„Manifest der Kommunistischen Partei"** und später verfasst er sein unvollendetes Hauptwerk **„Das Kapital"**.
- Zuletzt lebt er mit der Familie in **finanzieller Not** und gesundheitlich angeschlagen in **London** (zwischenzeitlich kann er nicht mal das Haus verlassen, weil seine Kleidung gepfändet wurde).

Denken

Philosophie muss sich mit den ökonomischen Lebensverhältnissen befassen

- **Kritik an Hegel:** Die hiesige Wirklichkeit darf nicht von Gott/einem Weltgeist her gedeutet werden, sondern die Deutung muss bei der **„wirklichen" Wirklichkeit** ansetzen.
- Diese Wirklichkeit ist die des **Individuums** (z. B. das Schicksal eines siebenjährigen Jungen, der täglich zehn Stunden in einer Flachsspinnerei arbeitet und unter der Staubbelastung leidet).
- Durch die **Klassengesellschaft** steht wenigen **Reichen** (**„Kapitalisten"**) ein Heer von **Industriearbeitern** gegenüber. Diese Klassengesellschaft wird getragen von dem **Privateigentum an Produktionsmitteln**.
- Die Arbeiter leiden nicht nur unter **unwürdigen Arbeitsbedingungen** (gesundheitliche Belastung, Arbeitszeit, geringer Lohn), sondern v. a. unter der **Entfremdung** vom Produkt ihrer Arbeit (es gehört nicht ihnen, sie stellen nur einen kleinen Teil davon her) und der **Abhängigkeit** von den Kapitalisten, ja sie werden sogar selbst zu austauschbarer **„Ware"** → **„Proletarier"**.

ab 1815	**1844**	**1847**	**1848**	**1848**
Starkes Bevölkerungswachstum in Europa, Industrialisierung → Aufkommen der Sozialen Frage	Aufstand der schlesischen Weber	Gründung des internationalen „Bundes der Kommunisten"	Marx und Engels, „Das kommunistische Manifest"	Deutsche Revolution, die ersten deutschen Gewerkschaften entstehen

Die Religion als „Opium des Volkes“ zementiert diese Verhältnisse

- Die Religion fordert die Benachteiligten dazu auf, den **von Gott zugewiesenen Platz** innerhalb der Gesellschaft zu akzeptieren, und **vertröstet** sie auf ein **besseres Jenseits**.
- Dadurch werden die Proletarier vom **Engagement** für ein **gerechteres Diesseits abgelenkt**.

Will man die Verhältnisse verändern, muss man bei der Ökonomie ansetzen

- Jeder Mensch will und braucht eine **sinnstiftende, freie und bewusste Tätigkeit** → die **Ökonomie** bildet die **Grundlage** der menschlichen **Existenz**.
- **Statt** den „**ideologischen Überbau**“ (Staat, Gesetze, Denkweise, Moral, Kunst, Religion) zu **verändern** und dadurch auf eine Veränderung der ökonomischen Verhältnisse zu hoffen, muss man umgekehrt bei den **ökonomischen Verhältnissen** ansetzen (gemäß dem historischen Materialismus, nach dem die Eigentums-/Produktionsverhältnisse alles andere bedingen).
- Daher grenzt Marx sich auch deutlich von der Moralphilosophie ab, da **Moral zum Überbau** gehöre und deshalb dem **gesellschaftlichen Sein der Menschen nachgeordnet** sei.

Die Veränderung muss durch eine Revolution erfolgen

- Die Proletarier müssen ihre eigene Entfremdung vom wahren Menschsein **erkennen** und dann **revoltieren**, um eine wirklich menschliche **Gesellschaft ohne Klassengegensätze** zu etablieren. Zentral ist dabei die **Aufhebung des Privateigentums** an Produktionsmitteln.
- Diese Revolution herbeizuführen ist die **Aufgabe der kommunistischen Bewegung**.

Bedeutung

Marx hat als **Stammvater der kommunistischen Idee** die Welt entscheidend verändert.

Zitate

„Es ist nicht das Bewusstsein der Menschen, das ihr Sein, sondern umgekehrt ihr gesellschaftliches Sein, das ihr Bewusstsein bestimmt.“

„Die Philosophen haben die Welt nur verschieden interpretiert; es kömmt darauf an, sie zu verändern.“

„Die Voraussetzungen, mit denen wir beginnen […], sind die wirklichen Individuen, ihre Aktion und ihre materiellen Lebensbedingungen.“

„Die Arbeit produziert Wunderwerke für die Reichen, aber […] Entblößung für den Arbeiter.“

„Proletarier aller Länder, vereinigt euch!“ (Aufruf am Ende des „Kommunistischen Manifests“)

Verwandte Ideen

Marx' **Religionskritik** ist verwandt mit der seines Vorgängers **Feuerbach** (siehe S. 46) und der späteren Kritik Sigmund **Freuds** (1856–1939).

Übrigens

Ursprünglich wollte Marx **Dichter** werden; seine Versuche in diese Richtung waren allerdings nicht von Erfolg gekrönt. Hier ein Beispiel: „Kant und Fichte gern zum Äther schweifen, /Suchen dort ein fernes Land, / Doch ich such' nur tüchtig zu begreifen, / Was ich – auf der Straße fand!“

1851	1863	1867	1877	ab 1881
Ludwig Feuerbach, „Vorlesungen über das Wesen der Religion“	Gründung des Allgemeinen Deutschen Arbeitervereins (Vorläufer der SPD)	Marx, „Das Kapital“	Berlin wird erste deutsche Millionenstadt	Einführung der Bismarckschen Sozialgesetze

Nietzsche – und die Umwertung aller Werte

Auf einen Blick

Drei Entwicklungsstadien (Zeit des Kamels, Zeit des Löwen, Zeit des Übermenschen) führen für Nietzsche zur Umwertung der Werte.

Nihilismus

Ausgangsstadium: Glaube an absolute Wahrheit, Moral der Schwachen ▶ **Zwischenstadium:** Erkenntnis des Nihilismus, Chaos ▶ **Ziel:** Überwindung des Nihilismus durch den Übermenschen (Lebensbejahung, Wille zur Macht, Umwertung der Werte)

Biografie

- Friedrich Nietzsche, * 1844 (Röcken in der Nähe von Leipzig), † 1900 (Weimar)
- Der Sohn eines **evangelischen Pfarrers** studiert und promoviert in klassischer **Philologie** und tritt danach in **Basel** eine **Professorenstelle** an.
- Nach 10 Jahren Lehrtätigkeit gibt er seine Stelle auf (u. a. wegen unerträglicher Kopf- und Augenschmerzen) und beginnt ein **unstetes Wanderleben**.
- Die Heiratspläne des schüchternen Nietzsche scheitern; richtig verliebt ist er auch nur einmal: in die Schriftstellerin **Lou Salomé**, die ihn aber nicht erhört.
- Trotz **ausbleibendem Erfolg** seiner Schriften (u. a. „Also sprach Zarathustra") neigt er immer mehr zu ausgesprochenem **philosophischen Eigenlob**.
- Als er **45 Jahre** alt ist, bricht er beim Anblick eines geschlagenen Pferdes zusammen und verfällt in eine elfjährige **Geisteskrankheit**, vermutlich ausgelöst durch die Geschlechtskrankheit **Syphilis** (Schwester und Mutter pflegen ihn bis zu seinem Tod).

Denken

Der derzeitige Zustand Europas ist verabscheuungswürdig

- Europa lebt im **Zustand des „Kamels"**: Ehrfurcht vor Autoritäten, geduldiges Überliefern der Traditionen, Überzeugung von der Existenz einer absoluten Wahrheit.
- Im Zentrum der **Kritik** steht das **Christentum**, denn durch seine **Vertröstung** auf das Jenseits und eine **Moral der Schwachen hindert** es den Einzelnen am **Entfalten seiner Kräfte** und der **Verwirklichung seiner Freiheit**.
- Auch die natürlichen menschlichen **Triebe** werden **unterdrückt** und kehren sich daher nach **innen** → so entsteht die „**Seele**", die es im gesunden Menschen, der seine Triebe ausleben darf, gar nicht gibt; das schlechte **Gewissen** ist ein besonders deutliches **Krankheitssymptom**.

Dieser Zustand muss überwunden werden durch den Nihilismus

- In Wahrheit gibt es jedoch **nichts** (lat. „**nihil**"), auf das man sich **verlassen** könnte; die Welt ist die **sinn- und ziellose ewige Wiederkehr des Immergleichen** → es gibt weder **Wahrheit** noch **Gott** noch eine absolute **Moral**.

1859	1865	1866	1870	1871
Charles Darwin, „Über die Entstehung der Arten"	Richard Wagners „Tristan und Isolde" wird in München uraufgeführt	Krieg zwischen Preußen und Österreich	1. Vatikanisches Konzil → Unfehlbarkeit des Papstes	Gründung des Deutschen Reiches

- Sobald der freie Geist dies **erkennt** (also den Nihilismus aufdeckt) ist die **Zeit des „Löwen"** angebrochen: **Abwendung** vom Glauben an Wahrheit und Moral sowie vom Christentum.

Am Ende dieser Entwicklung steht die Umwertung der Werte durch den Übermenschen

- Dadurch entstehen jedoch zunächst **Chaos** und ein **Wertevakuum**, das gefüllt werden muss, und zwar durch **neue und andere Werte**, die die **freie Selbstentfaltung** des Menschen fördern (Durchsetzung des Stärkeren, Gesundheit, Kraft, Lebensfreude).
- Da es **keine absolute Wahrheit** gibt, setzt der neue Mensch diese Werte **selbst**.
- Dazu bedarf es eines quasi evolutionär weiterentwickelten Menschen („**Übermensch**"), der sich durch **Lebensbejahung** und den natürlichen **Willen zur Macht** auszeichnet.
- In seinem unschuldigen **Ja-Sagen** zum Leben läutet er das **Stadium des „Kindes"** ein.
- Die prinzipielle **Sinnlosigkeit** der Welt bleibt dadurch zwar bestehen, doch indem diese vom Übermenschen bejahend **angenommen** wird („**amor fati**", lat. „Liebe zum Schicksal"), verleiht er der Wirklichkeit seinen eigenen Sinn und **überwindet** so letztlich den **Nihilismus**.

Bedeutung

Nietzsche gilt als **Höhepunkt der destruktiven Tendenz** der Geistesgeschichte – kein anderer Philosoph hat die Kritik an Kirche, Glauben oder Metaphysik leidenschaftlicher betrieben als er.

Zitate

„Drei Verwandlungen nenne ich euch des Geistes: wie der Geist zum Kamele wird, und zum Löwen das Kamel, und zum Kinde zuletzt der Löwe."

„Gott ist tot."

„Das Dasein, so wie es ist, ohne Sinn und Ziel, aber unvermeidlich wiederkehrend, ohne ein Finale ins Nichts: ‚die ewige Wiederkehr.' Das ist die extremste Form des Nihilismus: das Nichts (das ‚Sinnlose') ewig."

„Alle Instinkte, welche sich nicht nach außen entladen, wenden sich nach innen […]: damit wächst erst das an den Menschen heran, was man später seine ‚Seele' nennt."

Verwandte Ideen

- Nietzsche war ein Verehrer des Pessimisten **Schopenhauer** (siehe S. 44) – er plädierte allerdings angesichts der Sinnlosigkeit der Welt für trotzige Weltbejahung anstatt für Weltverneinung.
- Der Aufruf zur eigenen Sinngebung in einer sinnlosen Welt deckt sich mit **Sartre** (siehe S. 62).

Übrigens

Lange ist Nietzsche glühender Anhänger und **Freund** des Komponisten Richard **Wagner** (1813–1883), **distanziert** sich dann aber von ihm – vor allem wegen dessen Auseinandersetzung mit dem christlichen Glauben und Wagners nationaldeutschen bzw. antisemitischen Ansichten (Nietzsche dazu: „Zum Enthusiasmus für ‚deutsches Wesen' habe ich's freilich noch wenig gebracht, noch weniger als zum Wunsche, diese ‚herrliche' Rasse gar *rein* zu erhalten. Im Gegenteil, im Gegenteil").

ab 1883	**1886**	**1888**	**1895**	**1898**
Nietzsche, „Also sprach Zarathustra"	Carl Benz erfindet das moderne Automobil	Wilhelm II. wird deutscher Kaiser	Wilhelm Conrad Röntgen beobachtet erstmals Röntgenstrahlung	Militärische Aufrüstung und Flottenausbau unter Wilhelm II.

Heidegger – und das Sein an sich

Auf einen Blick

Existenzphilosophie

Laut Heidegger können wir das Sein nicht selbst erfassen; es muss sich uns offenbaren.

Angst vor dem Nichts ▶ **Bewusstsein für das Sein (≠ das Seiende)** ▶ **Akt der Offenbarung des Seins als das Sein selbst („Lichtung")**

Biografie

- Martin Heidegger * 1889, † 1976 (beides im Schwarzwald)
- Seine Eltern sind **arm** und er wird **sehr katholisch** erzogen.
- Er studiert **Theologie**, bricht die **Priesterausbildung** aber ab, um **Philosophie** zu studieren, und wird **Philosophieprofessor** in Marburg und später Freiburg.
- Sein Hauptwerk „**Sein und Zeit**" (1927) macht ihn weltberühmt.
- Da er sich zum **Nationalsozialismus** bekennt, darf er nach dem Ende des Zweiten Weltkrieges nicht mehr als Professor arbeiten. Eine Selbstkritik bleibt allerdings aus.

Denken

Die bisherige Philosophie hat die Frage nach dem Sein sträflich vernachlässigt

- Statt nach dem **Sein** (Was und warum ist „das Sein" selbst?) wurde immer nur nach dem **Seienden** gefragt (vereinfacht: das ist, als würde man immer nur nach diesem oder jenem seienden Menschen fragen, aber nicht nach dem Menschsein selbst) → „**Seinsvergessenheit**".
- Die Philosophie hat zwar weniger die Aufgabe, die Frage nach dem Sein zu **beantworten**, als sie **wachzuhalten**; Heidegger versucht es aber trotzdem.

Grund für die Frage ist die Angst angesichts des Nichts

- Die Frage nach dem Sein kann die Philosophie **nicht stellvertretend** stellen, der Mensch muss das aus **eigenem Antrieb** tun.
- Dieser Antrieb ist die **Angst**, die er im Angesicht des „**Nichts**" (v. a. des **Todes**) empfindet.
- Um die Angst loszuwerden, flüchtet sich der Mensch in die **Konventionen** bzw. das „**Man**" (er lebt, denkt und handelt, wie „man" es eben tut).

1900	1906	1914	1915	1918
Sigmund Freud, „Traumdeutung"	Weltweit erste Hörfunksendung (USA)	Ausbruch des Ersten Weltkrieges	Albert Einstein stellt seine Allgemeine Relativitätstheorie vor	Gründung der Weimarer Republik

Das Sein ist ein Vorgang der Lichtung

- Im Angesicht des Nichts wird sich der Mensch auch bewusst, dass es das **Sein** als dessen **Gegenteil** geben muss.
- Einsichten in den **Charakter von Sein und Nichts** können wir uns allerdings nicht erarbeiten, beide müssen sich uns **offenbaren** (wir sind nicht deren **Herren**, sondern ihre **Hirten**).
- Dieser Akt der Offenbarung des Seins („**Lichtung**") ist bereits **das Sein selbst** (es ist also **nichts Gegenständliches** und auch **kein Gott** o. Ä., sondern ein **Vorgang**).
- Dass wir Menschen Einblick in diesen Vorgang haben können (dass wir also das Seiende hin zum Sein transzendieren können), macht unsere besondere **Würde** aus.

Bedeutung

Heidegger gehört zu den **einflussreichsten Denkern des 20. Jahrhunderts**.

Zitate

„Warum ist überhaupt Seiendes und nicht vielmehr Nichts?"

„Mit der Frage nach dem Sein wagen wir uns an den Rand der völligen Dunkelheit."

„Haben wir heute eine Antwort auf die Frage nach dem, was wir mit dem Wort ‚seiend' eigentlich meinen? Keineswegs. Und so gilt es denn, *die Frage nach dem Sinn von Sein* erneut zu stellen."

„Jeder wird einmal, vielleicht sogar dann und wann, von der verborgenen Macht dieser Frage [nach dem Sein] gestreift, ohne recht zu fassen, was ihm geschieht. In einer großen Verzweiflung z. B., wo alles Gewicht aus den Dingen schwinden will und jeder Sinn sich verdunkelt [...]. In einem Jubel des Herzens ist die Frage da, weil hier alle Dinge verwandelt und wie erstmalig um uns sind [...]. In einer Langeweile ist die Frage da [... in der] die hartnäckige Gewöhnlichkeit des Seienden eine Öde ausbreitet [...]."

Verwandte Ideen

Die **Angst** als Grundbestimmung des Menschen ist von **Kierkegaard** (siehe S. 48) beeinflusst.

Übrigens

Heidegger war äußerst **erdverbunden** und machte auf Zeitgenossen einen **bäuerlichen Eindruck**; den Großteil seines Hauptwerkes schrieb er in einer einfachen **Berghütte** ohne fließendes Wasser.

1927	1929	1929	1929	1933
Heidegger, „Sein und Zeit"	Thomas Mann erhält für die „Buddenbrooks" den Nobelpreis für Literatur	Beginn der Weltwirtschaftskrise mit dem „schwarzen Freitag"	Das erste deutsche Fernsehprogramm geht testweise auf Sendung	Machtübernahme der Nationalsozialisten

Wittgenstein – und die Sprachkritik

Auf einen Blick

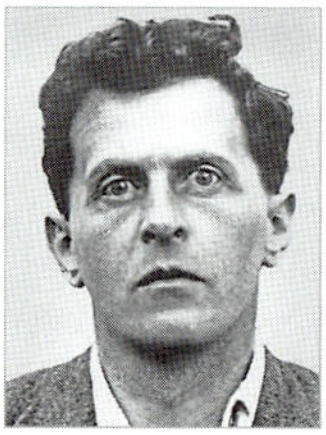

Sprach-philosophie

Für Wittgenstein sind seine Sätze im „Tractatus" wie eine Leiter, die man wegwirft, wenn man sie emporgestiegen ist, weil man diese Sätze „von oben" als unsinnig erkennt.

Philosophie als Sprachkritik ▶ **„Tractatus": Sinnvolle Sätze = an Tatsachen überprüfbar** ▶ **Traditionelle Philosophie: Unsinnige Sätze bzw. Scheinprobleme**

Philosophie als Sprachkritik ▶ **„Philos. Untersuchungen": Bedeutung eines Wortes = sein Gebrauch in der Sprache** ▶ **Traditionelle Philosophie: Unsinnige Sätze bzw. Scheinprobleme**

Biografie

- Ludwig Wittgenstein, * 1889 (Wien), † 1951 (Cambridge)
- Sein ganzes **Erbe verschenkt** der Sohn eines **reichen Industriellen** an Künstler wie Rainer Maria Rilke oder Georg Trakl und an seine Geschwister.
- Wittgenstein studiert **Maschinenbau** und promoviert nach Studienunterbrechung (Offizier im Ersten Weltkrieg, Dorfschullehrer, Hilfsgärtner) in **Cambridge** in **Philosophie**, wo er anschließend als **Dozent** arbeitet.
- Er hat eine **problematische psychische Konstitution** (drei seiner 7 Geschwister begehen Selbstmord!) und versucht zudem verzweifelt, seine **Homosexualität** zu unterdrücken.
- Im **Zweiten Weltkrieg** meldet er sich **freiwillig** als Krankenträger und Laborant in London.
- Danach zieht er sich bald aus dem universitären Forschungsbetrieb zurück und beginnt eine **einsame Forschertätigkeit** auf abgelegenen **Bauernhöfen in Irland**.
- Seine Hauptwerke „**Tractatus**" (1921) und „**Philosophische Untersuchungen**" (1953 posthum veröffentlicht) widersprechen sich in einigen Punkten stark.

Denken

„Tractatus" (1921): Sinnvolle Sätze lassen sich an den Tatsachen der Welt überprüfen

- Wittgenstein will klären, welche Sätze **Sinn** haben und welche **sinnlos oder unsinnig** sind.
- Die **Welt besteht aus Tatsachen** (das, was der Fall ist), die wiederum aus **Sachverhalten** bestehen, die sich als eine Verbindung von **Gegenständen** beschreiben lassen.
- **Sinnvoll** sind Sätze, wenn man ihren Wahrheitsgehalt an den Tatsachen überprüfen kann.
- **Wahr** sind Sätze, wenn sie Tatsachen der Welt korrekt **abbilden** (= Abbildtheorie).
- Sätze über den **Sinn des Lebens** oder **Gott** oder **Ethik** sind **unsinnig**, weil ihnen keine Tatsachen in der Welt entsprechen können. Die traditionelle Philosophie ist daher hinfällig.
- Auch die **eigenen sprachphilosophischen Überlegungen fallen** diesem Gedanken sozusagen **zum Opfer**: Sie können **keine Entsprechung** in der Welt haben und sind insofern eigentlich **unsinnige Sätze**. Deshalb schreibt Wittgenstein am Ende des „Tractatus", dass derjenige, der seine Sätze (= seine Überlegungen) versteht, diese Sätze am Ende als unsinnig erkennen muss.

1907	1909	1926	1928
Rainer Maria Rilke, „Neue Gedichte"	Erste Überquerung des Ärmelkanals mit einem Flugzeug	Die Deutsche Welle geht auf Sendung (erster Radiosender Deutschlands)	Alexander Fleming entdeckt das Penicillin

„Philosophische Untersuchungen“ (1953): Die Bedeutung eines Worts ist sein Gebrauch

- Die „Philosophischen Untersuchungen“ haben eine ganz andere Perspektive als der „Tractatus“: Statt der Logik der Sprache steht die **Alltagssprache**, die Sprache der Lebenspraxis, im Zentrum.
- Worte sind nicht eindeutig – je nach **Verwendungszusammenhang** haben sie eine andere **Bedeutung** (→ Gebrauchstheorie der Bedeutung). „Zeit“ steht z. B. für etwas anderes, je nachdem, ob ich eine Verabredung treffe oder in Physik die Geschwindigkeit eines Autos berechne.
- Maßgeblich für die jeweilige Bedeutung von Worten ist das „**Sprachspiel**“, in dem sie geäußert werden. Sprachspiele sind zum Beispiel: Befehlen, Bitten, Danken, Berichten eines Vorgangs.
- Der Mensch erlernt die „Regeln“ der Sprachspiele durch Vor- und Nachmachen.
- Die **bisherige Philosophie** (insbesondere die Metaphysik) löste Begriffe aus einem bestimmten Sprachspiel und stiftete damit **Verwirrung**. Durch die Rückführung der Begriffe von der metaphysischen auf ihre **alltagssprachliche Verwendung** können die meisten philosophischen Probleme als **Scheinprobleme** entlarvt werden.

Bedeutung

- Wittgenstein leitet zusammen mit anderen großen Sprachanalytikern eine **Wende der Philosophie** ein – hin zur philosophischen **Sprachanalyse** *(linguistic turn)*.

Zitate

„Alle Philosophie ist ‚Sprachkritik‘.“ *(Tractatus)*

„Der Zweck der Philosophie ist die logische Klärung der Gedanken.“ *(Tractatus)*

„Die Grenze [zwischen Denkbarem und Undenkbarem] wird also nur in der Sprache gezogen werden können und was jenseits der Grenze liegt, wird einfach Unsinn sein.“ *(Tractatus)*

„Meine Sätze erläutern dadurch, dass sie der, welcher mich versteht, am Ende als unsinnig erkennt, wenn er durch sie auf ihnen – über sie hinausgestiegen ist. (Er muss sozusagen die Leiter wegwerfen, nachdem er auf ihr hinaufgestiegen ist.)“ *(Tractatus)*

„Wovon man nicht sprechen kann, darüber muss man schweigen.“ *(Tractatus)*

„Die Ergebnisse der [traditionellen] Philosophie sind die Entdeckungen irgendeines schlichten Unsinns und Beulen, die sich der Verstand beim Anrennen an die Grenze der Sprache geholt hat.“ *(Phil. Untersuchungen)*

„Die Bedeutung eines Wortes ist sein Gebrauch in der Sprache“ *(Phil. Untersuchungen)*

„Die Philosophie ist ein Kampf gegen die Verhexung unsres Verstandes […].“ *(Phil. Untersuchungen)*

Verwandte Ideen

Die sprachanalytische Philosophie krempelt die bisherige philosophische Landschaft um, daher lässt er sich v. a. mit **anderen Sprachanalytikern** vergleichen, wie z. B. B. **Russel** (1872–1970).

Übrigens

Nach der Promotionsprüfung zu seinem „Tractatus“, die u. a. Russel abhielt, soll er angeblich zu seinen Prüfern gesagt haben: „Don't worry, I know you'll never understand it.“

1932	1932	1940 bis 1941	1947	1949
Mahatma Gandhi beginnt seinen Hungerstreik	Aldous Huxley, „Brave new world“	Bombardierung Cambridges durch die deutsche Luftwaffe	Indien scheidet aus dem Empire aus	Gründung der Nato

Jonas – und die ökologische Verantwortung

Auf einen Blick

Umweltethik

- **Moderne Gefährdung der menschlichen Existenz**
- **Verantwortung gegenüber nachfolgenden Generationen und anderen Ländern**

▶ **Ergänzung der Philosophie um den ökologischen Imperativ**

Wir müssen unsere Umwelt schützen, damit langfristig Menschen auf der Erde leben können – so Jonas.

Biografie

- Hans Jonas, * 1903 (Mönchengladbach), † 1993 (New York)
- Der Sohn eines **Textilfabrikanten** stammt aus einer **jüdischen Familie**.
- Jonas studiert **Philosophie**, **jüdische Theologie** und **Kunstgeschichte**, u. a. in Freiburg, wo **Heidegger** zu seinen Dozenten zählt, später in Berlin und Marburg, wo er promoviert.
- Aufgrund der **Machtübernahme der Nationalsozialisten** wandert er nach **London** aus, zwei Jahre später nach **Jerusalem**.
- In Israel tritt er dem **britischen Militär** bei und verteidigt als **Flakhelfer** die Stadt Haifa gegen Luftangriffe aus Damaskus und Beirut.
- Er heiratet und geht nach dem Ende des Krieges kurz zurück nach Mönchengladbach, wo er von der **Ermordung seiner Mutter im KZ Auschwitz** erfährt.
- Es folgt die Auswanderung in die USA, wo er als **Dozent für Philosophie** arbeitet.
- 1979 erscheint sein Hauptwerk „**Das Prinzip Verantwortung** – Versuch einer Ethik für die technologische Zivilisation".

Denken

Das Überleben der Menschheit ist gefährdet

- In den 1970er-Jahre erkennt man: Der Mensch ist mittlerweile in der Lage, seine **Lebensgrundlagen** nachhaltig zu **zerstören** (Atomwaffen, Umweltverschmutzung, Ressourcenverbrauch, Gentechnologie etc.).

Die Ethik muss auf diese neuen Gefahren antworten

- Nach Jonas ist die **bisherige Ethik** (v. a. Kant) für die Lösung dieser neuen Probleme **ungeeignet**, weil sie sich auf zwischenmenschliches Handeln im Kleinen beschränkt, **nicht global** denkt und Angehörige **zukünftiger Generationen**, die Bevölkerung eines **anderen Landes** oder auch **nichtmenschliches Leben** dabei unberücksichtigt bleiben (= „Nahethik").
- Jonas will daher durch seinen Ansatz die bisherige Ethik **ergänzen** (= „Fernethik").

1935	**1938**	**1938**	**1945**	**1948**	**1955 bis 1975**
Verabschiedung der Nürnberger Rassegesetze	Reichspogromnacht	Otto Hahn entdeckt die Kernspaltung	Abwurf der Atombomben über Hiroshima und Nagasaki	Gründung des Staates Israel, danach erster Unabhängigkeitskrieg	Vietnamkrieg mit Einsatz chemischer Waffen

Die Antwort ist der ökologische Imperativ

- Er entwickelt zu diesem Zweck einen an Kants kategorischen Imperativ angelehnten **ökologischen Imperativ:** „Handle so, dass die **Wirkungen deiner Handlungen verträglich** sind mit der **Permanenz** [Fortdauer] echten **menschlichen Lebens** auf Erden.“
- Um den ökologischen Imperativ angemessen anwenden zu können, ist großes **Wissen** um die Folgen der jeweiligen Handlungen vonnöten (also z. B. großes Fachwissen um die ökologischen Folgen von Atomkatastrophen, Wissen um die Funktionsweise des Erdklimas etc.).
- Es soll eine „**Heuristik der Furcht**“ angewendet werden, also insbesondere ein zurückhaltender Umgang mit neuen Technologien gepflegt werden, wenn ihre Folgen noch nicht absehbar sind.
- Bei der Abschätzung der Risiken ist stets vom **schlimmsten Szenario** auszugehen.

Bedeutung

Jonas ist ein **Vordenker und wichtiger Vertreter der Umweltethik**.

Zitate

„Wenn im Zweifel, gib der schlimmeren Prognose vor der besseren Gehör, denn die Einsätze sind zu groß geworden für das Spiel.“

„Das hochtechnische Zeitalter erfordert eine neue ethische Besinnung, weil die Macht des Menschen eine Größenordnung und Reichweite erlangt hat, von der man bisher keine Vorstellung hatte.“

„Einst war es die Religion, die uns mit dem Richterspruch am Ende der Tage drohte. Heute ist es unser gequälter Planet selbst, der die Ankunft dieses Tages voraussagt. Diese letzte Offenbarung kommt nicht vom Berg Sinai, […] es ist die Anklage der stummen Kreatur, die uns mahnt, unsere ehrgeizige Allmacht zu zähmen, damit wir nicht allesamt zu Grunde gehen in einer Wüste, die sich einst als Schöpfung präsentierte.“

Verwandte Ideen

Der ökologische Imperativ ist von der Formulierung her dem **kategorischen Imperativ Kants** (siehe S. 38) nachempfunden; im Gegensatz zu Kant ist Jonas' Imperativ aber **nicht allgemeingültig**, sondern auf bestimmte Situationen beschränkt – nicht jede Handlung beeinflusst schließlich die Überlebenschance der Menschheit.

Übrigens

Jonas erhält als Zeichen für seine Verdienste den **Friedenspreis** des Deutschen Buchhandels, das Große **Bundesverdienstkreuz** und die **Ehrenbürgerwürde** Mönchengladbachs.

ab ca. 1960	1961	ab 1970	1971	1979	1986
Die Welt wird auf die globale Erwärmung aufmerksam	Die Welt steht am Rande des Atomkrieges (Kubakrise)	Beginn der Gentechnik	Gründung von Greenpeace	Jonas, „Das Prinzip Verantwortung“	Nuklearkatastrophe von Tschernobyl

Auf einen Blick

Der Mensch bedarf laut Gehlen wegen seiner Weltoffenheit mangels Instinkten der Stabilisierung durch Institutionen.

Philosophische Anthropologie

Tiere:
Instinkte, Anpassung

Mensch:
Mängelwesen, dafür weltoffen (Freiheit, aber Gefahr der Reizüberflutung)

Institutionenbedürftigkeit, Selbstformung, Naturformung → Kulturwesen

Biografie

- Arnold Gehlen, * 1904 (Leipzig), † 1976 (Hamburg)
- Der Sohn eines **Verlegers** studiert u. a. Philosophie in Leipzig und Köln und wird anschließend mit nur 30 Jahren **Professor für Philosophie** in Leipzig, später auch in Königsberg und Wien.
- Im Jahr der Machtergreifung (1933) erfolgt sein Eintritt in die **NSDAP**.
- 1940 erscheint sein Hauptwerk „**Der Mensch**", das in alle Kultursprachen der Welt übersetzt wird und ihm nachhaltigen **Ruhm** einträgt.
- Im Krieg wird er zur **Wehrmacht** einberufen und schwer **verwundet**.
- Nach 1945 hat er aufgrund seiner Parteivergangenheit **Schwierigkeiten**, seine Tätigkeit wiederaufzunehmen; man wirft ihm vor, das **NS-Regime aktiv unterstützt** zu haben (allerdings hat er sich nie antisemitisch geäußert, da er die rassistische Ideologie des NS-Staates nicht teilte).

Denken

Der Mensch ist ein Mängelwesen

- **Tiere** sind, „vom Regenwurm bis zum Schimpansen", durch ihre **Instinkte** und ihren **Körperbau** optimal an den jeweiligen Lebensraum **angepasst**.
- Ganz anders der **Mensch**, der erstens **keinerlei** spezifische **körperliche Anpassung** besitzt: kein Fell, weshalb er ohne Kleidung erfrieren würde, keine Angriffs- oder Verteidigungswaffen wie Klauen, mangelhafte Sinnesorgane, keine Festlegung der Statur auf Raub- oder Fluchtverhalten, keine Festlegung auf bestimmte Nahrung oder einen bestimmten Lebensraum etc.
- Zweitens hat der Mensch **keine starken allgemeinen Instinkte mehr**, die sein Verhalten steuern oder gar sein Überleben sichern könnten; fast alle **Fähigkeiten**, die der Mensch besitzt, muss er im Laufe seines Lebens **erlernen** (im Gegensatz z. B. zur Ente, die weiß, wie man schwimmt).

frühes 20. Jh.	1920	1923	1928	1939 bis 1945
Die biologische Verhaltensforschung kommt auf	Gründung der NSDAP	Sigmund Freud, „Das Es und das Ich"	Max Scheler, „Die Stellung des Menschen im Kosmos" → Begründung der modernen philosophischen Anthropologie	Zweiter Weltkrieg

Dieser Mangel bringt Freiheit, aber auch Institutionenbedürftigkeit mit sich

- Die **biologische Mangelhaftigkeit** ist nur eine Seite der Medaille.
- Die fehlende Festlegung auf ein bestimmtes Verhalten oder eine bestimmte Interpretation der Wahrnehmungen bringt dem Menschen auch **große Freiheit** in seinen Möglichkeiten.
- Er ist durch die Reduktion seiner Instinkte und durch die fehlende Anpassung an nur eine ökologische Nische nicht mehr trieb- oder umweltgebunden, sondern „**weltoffen**".
- Das macht die **Sonderstellung** des Menschen aus.
- Diese Sonderstellung ist **nicht nur positiv:** Der Mensch kann sich auf der einen Seite zwar frei entfalten, er kann handeln und die Umwelt nach seinen Vorstellungen **gestalten** – ihm **fehlt** aber auch die **Sicherheit**, die Festlegung und Instinkte bringen (Freiheit kann schließlich leicht überfordern, der Mensch leidet unter „**Reizüberflutung**").
- Daraus ergibt sich die **Institutionenbedürftigkeit** des Menschen.
- Gehlen hat dabei einen sehr weiten Institutionenbegriff: Darunter versteht er nicht nur Institutionen wie **Staat**, **Ehe** und **Kirche**, sondern auch die **Sprache**, **Rituale** und **Werkzeuge**.
- Die Institutionen **entlasten** den „instinktunsicheren" Menschen von der Überforderung durch die Weltoffenheit und sichern die Erfüllung von Bedürfnissen, um die sich der Mensch sonst kümmern müsste (= „Hintergrundserfüllung").
- Durch diese Entlastung wird der Mensch frei, sich anderen Tätigkeiten zuzuwenden – der **Selbstformung** (z. B. durch Bildung seiner selbst) und der weiterführenden **Formung der Natur** um ihn herum.
- Der Mensch ist daher ein **Kulturwesen**.

Bedeutung

Gehlen zählt zu den **Hauptvertretern der philosophischen Anthropologie**.

Zitate

„Innerhalb natürlicher, urwüchsiger Bedingungen würde er [der Mensch] als bodenlebend inmitten der gewandtesten Fluchttiere und der gefährlichsten Raubtiere schon längst ausgerottet sein."

„Dass der Mensch situationsfrei ist, bedeutet seine Unabhängigkeit von dem je zufälligen ‚Istbestand' der gerade vorgefundenen Situation."

Verwandte Ideen

- Der Begriff des „Mängelwesens" stammt von Johann Gottfried **Herder** (1744–1803).
- Die Definition des Menschen als von Natur aus nicht festgelegtes Wesen, das sich selbst formen muss, erinnert an **Sartres** (siehe S. 62) Verurteilung des Menschen zur **Freiheit**.

Übrigens

Gehlens Fachbegriff der „Reizüberflutung" hat Eingang in die Alltagssprache gefunden.

1940	1969	1973	1975
Gehlen, „Der Mensch"	Der Zoologe Irenäus Eibl-Eibesfeldt forscht zum menschlichen Verhalten im Kulturvergleich	Der Zoologe und Hauptvertreter der Verhaltensforschung Konrad Lorenz erhält den Nobelpreis	Der australische Philosoph Peter Singer fordert die „Befreiung der Tiere"

Sartre – und die Freiheit

Auf einen Blick

Sartre betrachtet Freiheit als Last, mit welcher der Mensch umzugehen lernen muss.

Existenz-philosophie

Existenz

das menschliche Bewusstsein produziert das Nichts ▶ **Freiheit durch kritische Distanz** ▶ **Bürde der Freiheit und Sinnlosigkeit**

▼

Ausweg: Akzeptanz und eigenständige Sinngebung } **Essenz**

Biografie

- Jean-Paul Sartre, * 1905, † 1980 (beides in **Paris**)
- Sein Vater stirbt früh, weshalb er bei den **Großeltern** aufwächst und sich dort begeistert durch die Bibliothek des Großvaters liest (Klassiker und Groschenhefte).
- Früh wird er sich seiner eigenen **Hässlichkeit** bewusst („wie eine Kröte").
- Nach einem Philosophiestudium und acht Jahren als **Philosophielehrer** erscheint sein erster berühmter Roman „**Der Ekel**" (1938).
- Ab 1939 leistet Sartre Kriegsdienst und gerät ein Jahr in deutsche **Kriegsgefangenschaft**; danach unterstützt er die französische Widerstandsbewegung „**résistance**".
- Nach dem Krieg wird er **freier Schriftsteller** („Die Fliegen", „Geschlossene Gesellschaft" etc.)
- 1964 bekommt er dafür den **Nobelpreis**, den er aber u. a. aus politischen Gründen ablehnt (stets starkes **politisches Engagement**, u. a. Unterstützung des Marxismus und der 68er-Bewegung).
- In den letzten sieben Jahren seines Lebens kann er wegen **Erblindung** nicht mehr schreiben.

Denken

Das Sein der Dinge ist absolut

- **Dinge** haben **kein Verhältnis** zu sich selbst oder zu anderen Dingen, sie sind einfach, was sie sind („**An-sich-Sein**" oder auch „**Seinsdichte**").
- Das **grundlose**, **vergängliche** und **absurde Sein** reizt zum **Ekel**.

Das menschliche Sein ist dagegen transzendent

- Dem Sein des **Bewusstseins** geht es um sich selbst („**Für-sich-Sein**").
- Dabei ruht es aber nicht in sich selbst (wie ein Stein), sondern ist zugleich stets auf die **Außenwelt** gerichtet und **transzendiert** damit sich selbst (geht über sich selbst hinaus).

Deshalb bringt der Mensch das „Nichts" in die Welt

- Indem der Mensch sich auf die Außenwelt bezieht, bezieht er sich immer auf etwas, das er selbst **nicht** ist (oder noch nicht oder nicht mehr) → Statt der Seinsdichte der Dinge (denen nichts fehlt), erlebt der Mensch also einen **Seinsmangel**.
- Das Bewusstsein verursacht einen „**Riss**" **in der Seinsdichte** → das **Nichts** kommt in die Welt.

1940	**1943**	**1945**	**1949**	**1954 bis 1962**	**1955 bis 1975**
Kapitulation Frankreichs vor Nazideutschland	Sartre, „Das Sein und das Nichts"	Die Französinnen erhalten erstmals das Wahlrecht	Simone de Beauvoir, „Das andere Geschlecht"	Algerienkrieg → Unabhängigkeit Algeriens	Vietnamkrieg

Erst durch die Erschaffung des Nichts ist der Mensch frei

- Das Bewusstsein „**nichtet**" also das Sein; dadurch löst sich der Mensch aus dem reinen „An-sich-Sein" heraus und tritt in **kritische Distanz** dazu.
- Diese Distanz zum Sein macht die menschliche **Freiheit** aus.

Dieser Freiheit kann er nicht entkommen

- Da der Mensch der Struktur seines Bewusstseins **nicht entkommen** kann, ist die Freiheit aber keine Wahl, sondern gehört zu seinem **Wesen** – er *hat* also nicht Freiheit, sondern *ist* Freiheit.
- Die Freiheit ist **immer da**, auch wenn man z. B. in einen Krieg eingezogen wird (man könnte sich ja umbringen oder den Kriegsdienst verweigern).
- Mit dieser großen **Last** ist der Mensch ganz alleine, und aus **Angst** davor schafft er sich **Sicherheitsgeländer** wie **Religion**, **Moral** oder gesellschaftliche **Klassen**, die ihn einschränken und ihm die **Verantwortung nehmen**.

Kraft seiner Freiheit bestimmt er seinen Lebenssinn selbst

- Statt sich in **falschen Sicherheiten** zu wiegen, muss er seine **Freiheit annehmen** und sein Leben **bewusst gestalten.**
- Dadurch verleiht er dem an sich **sinnlosen Dasein** seinen ganz **persönlichen Sinn** (durch Setzung seiner eigenen Werte und Bestimmung seines eigenen Wesens).
- Das Sein des Menschen (**Existenz**) geht also seinem Wesen (**Essenz**) voraus.
- Sartres Existenzialismus ist **atheistisch** – denn zur Vorstellung eines Gottes (wie z. B. des christlichen Gottes) gehört, dass dieser das Wesen des Menschen, seine „Essenz", vor dessen „Existenz" bestimmt.

Bedeutung

- Sartre machte den **Existenzialismus** als philosophische Strömung erst **bekannt**.
- Er ist zudem einer der **bekanntesten Philosophen und Schriftsteller Frankreichs**.

Zitate

„Mangels genauer Auskünfte wusste niemand, angefangen bei mir selbst, wozu ich mich eigentlich auf der Erde herumtrieb."

„Alles ist grundlos, dieser Park, diese Stadt und ich selbst."

„Der Mensch ist dazu verurteilt, frei zu sein."

„Die menschliche Freiheit geht dem Wesen des Menschen voraus und macht dieses möglich."

„Die Existenz geht dem Wesen [des Menschen] voraus."

Verwandte Ideen

Das Nichts kommt durch den Menschen in die Welt – Ähnliches sagt auch **Heidegger** (siehe S. 54).

Übrigens

Beim Studium lernt Sartre die Philosophin und Frauenrechtlerin **Simone de Beauvoir** kennen, mit der er ein Leben lang in **offener Partnerschaft** zusammenbleibt (nennen sich stets „Sie").

1957	1960	1965	1967	1968	1970
Der französische Existenzialist Albert Camus erhält den Nobelpreis	Die Antibaby-pille kommt auf den Markt	„I can't get no satisfaction" von den Rolling Stones	Tod Che Guevaras	Ausbruch der Studenten-proteste, wochenlanger Generalstreik in Frankreich	Gründung der RAF in Deutschland

Rawls – und der Schleier des Nichtwissens

Auf einen Blick

Rawls hypothetischer Schleier des Nichtwissens soll eine Einigung auf gerechte gesellschaftliche Grundsätze ermöglichen.

Politische Philosophie

hypothetischer Urzustand als Gedankenspiel ▶ **Findung allgemeiner Gerechtigkeitsvorstellungen als Basis des Rechts und der sozialen Verhältnisse**

Biografie

- John Rawls, * 1921, † 2002 (beides in den **USA**)
- Der Sohn eines **wohlhabenden Rechtsanwaltes** wächst in den Südstaaten der USA auf und studiert in **Princeton**.
- Im **Zweiten Weltkrieg** dient er als **Soldat**.
- Nach seiner Promotion in Princeton nimmt er seine **Forschungs- und Lehrtätigkeit** auf (u.a. in **Oxford** und über 30 Jahre in **Harvard**).
- Sein Hauptwerk „**A Theory of Justice**" („Eine Theorie der Gerechtigkeit") erscheint 1971.
- Rawls ist verheiratet und hat 4 Kinder.

Denken

Die Gesellschaft braucht soziale Gerechtigkeitsgrundsätze

- Diese sollen regeln, wie **Rechte und Pflichten** sowie die **Güter und Lasten** innerhalb der Gesellschaft zu **verteilen** sind.
- Sie müssen ihren Niederschlag z. B. in der **Verfassung** und den politischen und sozialen **Verhältnissen** finden (als Beispiele nennt Rawls Meinungs- und Gedankenfreiheit, Sicherung der monogamen Familie, Märkte mit Konkurrenz etc.).
- Die spezifischen Grundsätze der Gesellschaft müssen auf wohlüberlegten, allgemeinen **Gerechtigkeitsvorstellungen** beruhen (Rawls nennt hier z. B. Freiheit und Chancengleichheit).

Die Gerechtigkeitsgrundsätze müssen in einer fairen Ausgangssituation festgelegt werden

- Diese **Ausgangssituation** lässt sich angesichts der realen z. T. unfairen Lebensverhältnisse allerdings nur **hypothetisch** (gedanklich) herstellen.
- Rawls nennt diese hypothetische Situation den „**Urzustand**".
- Der Urzustand ist gekennzeichnet durch verschiedene **Voraussetzungen:**
  → **Gleichheit:** Jeder darf seine Vorstellungen einbringen.
  → **Gerechtigkeitssinn:** Die Menschen müssen den Nutzen von Gerechtigkeit einsehen und sich verpflichten, die gefundenen Grundsätze einzuhalten.

1936	1945	1957	1969	1971
Gründung der Harvard University	Abwurf der Atombomben über Hiroshima und Nagasaki	Elvis Presley veröffentlicht den Jailhouse Rock	Mondlandung	Rawls, „Eine Theorie der Gerechtigkeit"

→ **„Schleier des Nichtwissens“:** Damit niemand die Grundsätze auf sich selbst zuschneiden kann, wissen die Menschen im Urzustand nichts über ihren eigenen Bildungsstand, ihre Intelligenz, Hautfarbe, Religion, ihren Besitz, ihr Geschlecht, noch nicht mal über ihre moralische Einstellung oder ihren Charakter (das sorgt für größtmögliche Objektivität).

→ **Allgemeines Wissen:** Der Schleier des Nichtwissens gilt nicht für das Wissen z. B. um das Wesen der menschlichen Psyche, Grundzüge der Wirtschaftstheorie, wichtige menschliche Grundgüter wie Freiheit, Besitz etc.

→ **Vernünftigkeit:** Die Menschen im Urzustand denken und argumentieren vernünftig; dazu gehört z. B., dass sich ihre Wahl nicht „niederen Beweggründen“ (wie z. B. Neid) verdankt.

→ **Desinteresse an anderen:** Die Menschen im Urzustand sollen nur an sich selbst denken (sie wissen ja nicht, wer sie selbst sein werden, weshalb das Desinteresse nicht egoistisch ist).

- Aus mehreren **Vorschlägen** wird diejenige Regel ausgewählt, deren **schlechtestmögliches Ergebnis besser** ist als das jeder anderen.
- Diejenigen Gerechtigkeitsgrundsätze, auf die sich die Menschen im Urzustand **einstimmig** einigen können, sollen gelten (das Ganze ist also ein großes **Gedankenspiel**).
- Rawls geht davon aus, dass dabei zumindest zwei Grundprinzipien gewählt würden, das …
  … **Gleichheitsprinzip:** Jeder hat Anspruch auf die **gleichen Grundrechte**.
  … **Differenzprinzip:** Sozioökonomische Ungleichheiten sind nur dann gerechtfertigt, wenn die zugrunde liegenden Regeln den **schlechtgestellten Menschen den größten Nutzen** bringen.

Bedeutung

Rawls ist einer der **einflussreichsten politischen Philosophen** des 20. Jahrhunderts.

Zitate

„Die Gerechtigkeit ist die erste Tugend sozialer Institutionen, so wie die Wahrheit bei Gedankensystemen.“

„Ganz wie jeder Mensch durch vernünftige Überlegung entscheiden muss, was für ihn das Gute ist, d. h., das System der Ziele, die zu verfolgen für ihn vernünftig ist, so muss eine Gruppe von Menschen ein für allemal entscheiden, was ihnen als gerecht und ungerecht gelten soll.“

Verwandte Ideen

- Rawls Gedankenspiel hat gewisse Gemeinsamkeiten mit **Habermas**’ (siehe S. 66) **herrschaftsfreiem Diskurs**.
- Seine Philosophie ist zudem eine Mischung aus **Utilitarismus** (Grundsatz des größtmöglichen Nutzens, siehe **Bentham** S. 42) und unverrückbaren **Grundwerten** (wie Gleichheit).

Übrigens

Rawls gilt als **bescheidener und scheuer Mensch**, der kein glänzender Redner, aber ein umso besserer **Zuhörer** ist. Angeblich setzte er sich bei Gesprächen oft ohne Schuhe auf sein Sofa, einen Schreibblock in der Hand, um sich fortwährend Notizen von den Gesprächsbeiträgen seines Gegenübers zu machen. Diese überarbeitete er dann und nutzte sie als Grundlage für weitere Gespräche.

1972	1974	1978	1979	1991
„Der Pate“ gewinnt den Oskar	Richard Nixon tritt aufgrund der Watergate-Affäre von seinem Amt zurück	Karel Wojtyla wird Papst Johannes Paul II.	Nato-Doppelbeschluss	Barack Obama macht in Harvard seinen Abschluss (zeitgleich ist Rawls dort Professor)

Habermas – und der Konsens

Auf einen Blick

Im herrschaftsfreien Diskurs zwischen Gleichen kann man sich nach Habermas auf eine geltende Wahrheit und Ethik einigen.

Politische Philosophie

instrumentelle Vernunft als Schattenseite der Moderne ▶ **Aufgabe der modernen Philosophie: Stärkung der kommunikativen Vernunft** ▶ **Wahrheit als Ergebnis eines herrschaftsfreien Diskurses**

Biografie

- Jürgen Habermas, * 1929 (Düsseldorf)
- Er wächst in einem kleinstädtischen Milieu auf und **studiert** Philosophie, Geschichte und Psychologie; heiratet (hat später 3 Kinder) und wird freier **Journalist**.
- Er bekleidet eine **Professorenstelle** in Heidelberg und später Frankfurt.
- Während der **68er-Bewegung** wird der stets **sehr politische** Habermas **Mitgestalter** einer verfassungsloyalen Linken, hält jedoch Distanz zu radikalen Studentengruppen.
- 1981 erscheint sein **Hauptwerk „Theorie des kommunikativen Handelns"**.

Denken

Das Projekt „Moderne" muss vollendet und weitergeführt werden

- Die Moderne ist wesentlich durch die **Freiheit** bestimmt (Freiheit der Erkenntnis, der Selbstbestimmung und der Selbstverwirklichung). Allerdings ist sie noch **unvollendet**, da ihr **Vernunftpotenzial** weder theoretisch **ausgeschöpft** noch praktisch ausreichend **realisiert** wurde.
- Dennoch muss sie **fortgeführt** werden, denn es gibt keine erkennbaren **Alternativen**.

Die Schattenseite der Moderne ist die Dominanz der instrumentellen Vernunft

- Die moderne Gesellschaft wird von **Geld und Macht** regiert (**„Kolonialisierung der Lebenswelt"**) → es herrscht die **instrumentelle Vernunft** vor (Zweck-Mittel-Denken).
- Dadurch erfährt der Einzelne einen **Sinn- und Freiheitsverlust** und die **Solidarität** nimmt ab.
- Bereiche wie Wissenschaft, Moral und Kunst haben sich voneinander **abgekapselt**, wodurch neue **Einsichten**, aber auch neue **Borniertheiten** entstanden sind.

Aufgabe der Philosophie ist es, die kommunikative Vernunft zu stärken

- Lange Zeit bedeutete Philosophie zugleich **Metaphysik**, also z. B.: die Herleitung der Welt aus einem einheitlichen Prinzip (z. B. Gott), die Überzeugung, dass die Strukturen von Vernunft und Welt dieselben sind, und eine Überbetonung der Theorie gegenüber der Praxis.
- Diese Philosophie hat **ausgedient**, v. a. durch den Einfluss der **Sprachphilosophie**, der modernen **empirischen Wissenschaften** und der **Geschichtsforschung**.

1955	1959	1968	1970	1972	1977
Der einmillionste VW-Käfer läuft vom Band	Günther Grass, „Die Blechtrommel"	Studentenproteste, Attentat auf Rudi Dutschke	Willy Brandt, Kniefall von Warschau	Geiselnahme bei den Olympischen Spielen in München	Deutscher Herbst (RAF-Morde etc.)

- Daher muss die Philosophie „die Attitüde des Schlüsselhalters aufgeben", denn sie kann gegenüber den anderen Wissenschaften **keine besondere Erkenntnisquelle** für sich beanspruchen.
- Ihre **Aufgabe** ist es, die **kommunikative Vernunft** gegenüber der instrumentellen zu stärken.
- Kommunikative Vernunft ist nicht eine Vernunft des Einzelnen, sondern entsteht in der **Verständigung** (auf die **Sprache** als Ausdrucksmittel ist jede Vernunft angewiesen).

Wahrheit ist ein Ergebnis der kommunikativen Vernunft

- Es gibt **keine „absolute Wahrheit"**, auch nicht, wenn es um ethische Entscheidungen geht.
- Um dennoch eine **ethische Entscheidung** fällen zu können, bedarf es eines **herrschaftsfreien Diskurses** (also eines Diskurses, der z. B. nicht von Interessen wie Macht oder Profit geleitet ist).
- Für Teilnehmer eines solchen Diskurses gelten u. a. folgende Grundregeln: **Gleichberechtigung**, **Freiheit** (kein Zwang), gleiche **Chancen**, **sich zu äußern** (u. a.: vergleichbare rhetorische Fähigkeiten), **symmetrische Kommunikation** (v. a.: kein Machtgefälle).
- Die Teilnehmer gehen von **vier Geltungsansprüchen** aus, denen die Äußerungen im Diskurs genügen sollen: **Verständlichkeit**, **Wahrheit**, (normative) **Richtigkeit** und **Wahrhaftigkeit**.
- Die Teilnehmer können von den anderen einfordern, diese Geltungsansprüche **einzulösen** (also bspw. Aussagen empirisch zu belegen [Wahrheit] oder normative Forderungen aus allgemein anerkannten Normen herzuleiten [Richtigkeit]).
- Gemäß zwei Grundprinzipien kann eine Norm nur dann gelten, wenn **sämtliche Diskursteilnehmer** ihr **zustimmen** können (**Diskursprinzip**) und wenn sie verallgemeinerbar ist (**Universalisierungsprinzip**), d. h. wenn sie (und ihre Folgen) für alle Betroffenen akzeptabel sind.
- Habermas geht es nicht um einen Konsens als Ergebnis einer faktischen Abstimmung, sondern um die **grundsätzliche Konsensfähigkeit** einer ethischen Entscheidung.

Bedeutung

Habermas gehört zu den **wichtigsten Philosophen der Gegenwart**; er verteidigt einerseits den **Geist der Moderne**, weist andererseits aber auch immer wieder auf dessen Schattenseiten hin.

Zitate

„Die Philosophie ist heute nicht mehr im Besitz metaphysischer Wahrheiten."

„Jede gültige Norm muss der Bedingung genügen, dass die Folgen und Nebenwirkungen, die sich aus ihrer allgemeinen Befolgung für die Befriedigung des Interesses jedes Einzelnen voraussichtlich ergeben, von allen Betroffenen zwanglos akzeptiert werden können."

Verwandte Ideen

Wie **Wittgenstein** (siehe S. 56) interessiert sich Habermas für die **Sprachanalyse** und erkennt der Philosophie zudem ab, über eine besondere **Erkenntnisquelle** zu verfügen.

Übrigens

Der 24-Jährige Habermas betritt die Bühne der Öffentlichkeit mit **Kritik an Heidegger** (siehe S. 54). Dieser habe sich nicht vom Nationalsozialismus distanziert und spreche immer noch von der „inneren Wahrheit und Größe dieser Bewegung".

1980	1981	1982	1989	1990er-Jahre	1994	1998 bis 1999
Gründung der „Grünen"	Der erste PC wird vorgestellt	Der erste CD-Spieler geht in Serie	Mauerfall	Das Handy kommt auf	Ende der Apartheid in Südafrika	Kosovokrieg

Auf einen Blick

Singer sieht bei moralischen Entscheidungen keinen Unterschied zwischen Mensch und Tier.

(Präferenz-) Utilitarismus

Speziesismus ◀▶ **Berücksichtigung der Präferenz von selbstbewussten Wesen**

Biografie

- Peter Singer, * 1946 (Melbourne, **Australien**)
- Der **Sohn eines jüdischen Ehepaares aus Wien**, das vor den Nationalsozialisten nach Australien floh, studiert Jura, Geschichte und Philosophie.
- Anschließend lehrt er an mehreren renommierten Universitäten, unter anderem in Oxford und an der New York University. 1999 erhält er einen Ruf an die Universität **Princeton**.
- Singer ist verheiratet und hat drei erwachsene Töchter.
- Sein wichtigstes Werk trägt den Titel „**Animal Liberation**" („Befreiung der Tiere") und erscheint erstmals im Jahr 1975.

Denken

Die Zugehörigkeit zu einer bestimmten Spezies hat keine moralische Relevanz

- Allgemein wird angenommen, der Mensch sei anderen Spezies (also allen Tieren) überlegen, weil er nun mal ein Mensch ist.
- Diese Haltung bezeichnet Singer parallel zum Rassismus als „**Speziesismus**".
- Von Verteidigern der Menschenwürde werden zwar oft weitere Kriterien wie „Vernünftigkeit" oder „Autonomie" angeführt, allerdings hat im direkten Vergleich ein ausgewachsener Menschenaffe mehr Vernunft als ein menschlicher Säugling. Auch innerhalb der Gattung Mensch gibt es bei der Vernunft große Unterschiede. Dieses Argument greift also laut Singer nicht.

Die einzig moralisch relevanten Kriterien sind: Selbstbewusstsein und Präferenzen

- **Präferenzen** können sein: **Wohlergehen**, **Vermeidung von Schmerz**, **Pläne** in Bezug auf die eigene Zukunft etc.
- Präferenzen zu haben setzt ein gewisses Maß an **Selbstbewusstsein** voraus.
- Beides zusammen (Selbstbewusstsein und Präferenzen) bedeutet, dass es sich bei einem Lebewesen um eine „**Person**" handelt – unabhängig von der Spezies.
- Bei moralischen Entscheidungen darf also in Zukunft nicht mehr auf die willkürliche Unterscheidung Mensch – Tier geachtet werden.
- Vielmehr muss gefragt werden: Welche Präferenzen haben sämtliche Betroffenen und welche dieser Präferenzen wiegen schwerer als andere („**Präferenzutilitarismus**")?

1961 – Gründung des WWF

ab 1968 – Studentenproteste und Hippie-Bewegung

1971 – Gründung von Greenpeace

Dies hat viele praktische Konsequenzen

- **Sterbehilfe:** Ein Komapatient beispielsweise hat weder Selbstbewusstsein noch Präferenzen (außer er hat zuvor geäußert, er wolle auch im Falle eines unüberwindbaren Komas weiterleben). Dieser Mensch darf also, sofern das nicht gegen die Präferenzen der Familienmitglieder verstößt, getötet werden. Ähnliches gilt laut Singer auch für einen Säugling: Dessen Lebensrecht, so schlägt er vor, solle erst etwa 28 Tage nach der Geburt greifen. Außerdem solle die Tötung eines Erwachsenen schwerer wiegen als die eines Säuglings.
- **Tierhaltung und Fleischkonsum:** Tieren hierdurch Leid zuzufügen hält Singer nicht für gerechtfertigt, denn auf der einen Seite stehen die Präferenzen der Tiere auf Schmerzfreiheit, auf der anderen Seite die der Menschen nach Genuss. Die Schmerzfreiheit wiege schwerer.
- **Tierversuche:** Gemäß dem Konzept des Utilitarismus hält Singer Tierversuche dennoch für angebracht, insofern sie das Leid zahlreicher anderer Lebewesen mindern.

Bedeutung

- Singer gilt als **Begründer der modernen Tierethik sowie des Präferenzutilitarismus** und ist einer der meistgelesenen Philosophen der Gegenwart.
- Seine Thesen insbesondere in Bezug auf Sterbehilfe, Abtreibung oder ähnliche Themen werden äußerst kontrovers diskutiert.

Zitate

„Ich bin Utilitarist. Das bedeutet, dass ich eine Handlung nach ihren Folgen beurteile. Führt sie zu mehr Glück als Leiden, dann ist sie gut. Außerdem bin ich dafür, dass man die Interessen [Präferenzen] der Tiere genauso erwägt wie die der Menschen. Wenn es also wirklich so wäre, dass man in Oxford mit einem Experiment an hundert Affen ein Mittel gegen Parkinson entdecken und damit Hunderttausenden oder sogar Millionen von Menschen helfen würde, dann könnte ich das rechtfertigen."

Verwandte Ideen

- Indem Singer die Leidensfähigkeit eines Lebewesens zu einem moralischen Kriterium macht, bezieht er sich auf eine Aussage **Benthams** (siehe S. 42): „[...] ein ausgewachsenes Pferd oder ein Hund sind unvergleichlich vernünftigere sowie mitteilsamere Tiere als ein einen Tag, eine Woche, oder gar einen Monat alter Säugling. Aber angenommen, dies wäre nicht so, was würde das ausmachen? Die Frage ist nicht *Können sie denken?* oder *Können sie reden?*, sondern *Können sie leiden?*"
- Singer kritisierte **Descartes** (siehe S. 28) für seine These, Tiere seien seelenlose Automaten.

Übrigens

Singers Großvater war der österreichische Pädagoge und Psychologe David Ernst Oppenheim (1881–1943), der kurzzeitig auch mit Sigmund Freud zusammengearbeitet hat. Er starb im KZ Theresienstadt, weil man ihm als Diabetiker das lebensnotwendige Insulin vorenthielt.

1976 – Gründung der teilweise militanten „Animal Liberation Front"

ab 1980 – Gründung zahlreicher „grüner" Parteien

1980 – Gründung der Tierrechtsorganisation PETA